WIRTSCHAFTSGEOGRAPHISCHE STUDIEN
Heft 26
Wien, März 2001

Herausgeber:
Österreichische Gesellschaft für Wirtschaftsraumforschung
A-1090 Wien, Roßauer Lände 23/4, Tel. ++43/1/31336/5771

SERVICE FACHVERLAG • WIEN

Schriftleitung:

Christian STAUDACHER,
Abteilung f. Angewandte Regional- und Wirtschaftsgeographie,
Institut für Wirtschaftsgeographie, Regionalentwicklung
und Umweltwirtschaft der WU-Wien

A-1090 Wien, Roßauer Lände 23/4, Tel. ++43/1/31336/5773

Der Druck dieses Bandes wurde unterstützt durch:

Bundesministerium für Wissenschaft

Firma KÜHNE & NAGEL, 1110 Wien.

ISBN 3-85428-424-1
© Facultas Verlags- und Buchhandels AG, Wien
Service Fachverlag
Druck: Facultas AG
Printed in Austria 2001

Vorwort

Wirtschaftsgeographie ist ein „weites Land" und verlangt immer wieder neue Auseinandersetzungen mit ihren Grundlagen, aber auch die Durchführung ganz konkreter (empirischer) Forschungsarbeiten, die sinnvoller Weise auch einen Praxisbezug haben. Das vorliegende Heft 26 der „Wirtschaftsgeographischen Studien" dokumentiert einige Aspekte, wie sie an der Abteilung für Angewandte Regional- und Wirtschaftsgeographie entstanden sind.

- Unter dem Obertitel **„Wirtschaftsgeographie – globale und regionale Fragen"** wird zunächst ein Beitrag von Markus EXLER zum Welt-Container-Verkehrssystem abgedruckt, der bei Prof. Wigand RITTER in Nürnberg entstanden ist, und die Verbundenheit mit dem dortigen Institut dokumentiert. Die beiden Beiträge von Rudolf JUCHELKA über die Bahnhofsüberbauungen und die Musical-Stadt Wien sind das Ergebnis seines Studien- und Gastaufenthaltes an der A^RWI vom Februar bis August 2000. Albert HOFMAYER befaßt sich dann mit dem an der Jahrtausendwende sehr relevanten Thema der aktuellen Trends in der Weltbevölkerungsentwicklung und ihrer Bewertung. Die sehr intensive Besprechung der Arbeit von Christine VOGT über „Verbotene Ressourcen" wirft dann einen wichtigen Blick auf die Bedeutung und Kritik handlungstheoretischer Konzepte für die Wirtschaftsgeographie.
- Der Aspekt der **Lehre der Wirtschaftsgeographie** an der WU Wien wird dann durch zwei Werkstattberichte von Christian STAUDACHER aufgenommen, einerseits durch eine Darstellung der Konzeption, Gliederung und Präsentation des Wahlfachlehrstoffes, wie er durch den Verfasser seit nunmehr drei Jahren entwickelt und in der Vorlesung vermittelt wird und wie auch das entsprechende Skriptum zur Wirtschaftsgeographie gestaltet ist, andererseits durch einen Kurzbericht über das Ergebnis der Evaluierung der Lehre der A^RWI im Jahr 1999/2000.
- Die Verbindung von **Österreichischer Gesellschaft für Wirtschaftsraumforschung** und A^RWI kommt in der Publikation von zwei Arbeiten zum Ausdruck, die mit dem **Leopold Scheidl-Preis** ausgezeichnet wurden: Josef H. BEHOFSICS berichtet über seine Dissertation zur Internationalisierung von Dienstleistungsunternehmen, Harald FRIEDRICH über seine Diplomarbeit über Golfanlagen in peripheren Räumen Österreichs.

Inhalt

WIRTSCHAFTSGEOGRAPHIE – GLOBALE UND REGIONALE FRAGEN

EXLER, Markus: Containerlandbrücken – Ergänzung oder Substitution von Überseetransporten? (Container Land Bridges – Supplementing or Substituting Overseas Transport?) 3

JUCHELKA, Rudolf: Innenstadt-Zentren und Zentrierbarkeit: Die Steuerbarkeit innerstädtischer Funktionsaufwertung durch Projekte zur Gleisüberbauung (Inner City Centres and Centering Possibilities: The Controllability of Inner City Functional Revaluation by Projects to Overbuild Railway Tracks) ... 13

JUCHELKA, Rudolf: Wien als Musical-Stadt : Erklärungsansätze zur Genese und Bedeutung eines Standortes (Vienna as a City of Musicals : An attempt to explain the making of a centre of musicals and its importance) 31

HOFMAYER, Albert: Ein halbes Jahrhundert Weltbevölkerungsentwicklung. Eine statistisch-kartographische Analyse mit besonderer Berücksichtigung der Reproduktivitätsänderungen (Half A Century of World Population Development : A statistical and cartographic analysis with a special emphasis on changes in reproduction) 45

HOFMAYER, Albert: Handlungstheoretische Ansätze in der Wirtschaftsgeographie. Eine Buchrezension von Christine VOGT (1999): Guatemalas verbotene Ressourcen – Eine handlungstheoretische Untersuchung 63

WIRTSCHAFTSGEOGRAPHIE – LEHRE UND LEHR-EVALUIERUNG

STAUDACHER, Christian: "Angewandte Regional- und Wirtschaftsgeographie" – Konzept und Realisierung im Rahmen des Lehrprogramms der A^RWI an der WU Wien (Applied Regional and Economic Geography : Concept and Realization in the Framework of the A^RWI Teaching Programme at Vienna University of Economics and Business Administration) 69

STAUDACHER, Christian: Evaluierung der Lehre der „Abteilung für Angewandte Regional- und Wirtschaftsgeographie" (A^RWI)" (Evaluation of Teaching at the "Department of Applied Regional and Economic Geography [A^RWI]") 91

ÖGW UND LEOPOLD SCHEIDL-PREIS

BEHOFSICS, Josef, H.: Internationale Netzwerke intermediärer Dienstleistungsunternehmen (International networks of business service companies) 101

FRIEDRICH, Harald: Golfanlagen in peripheren Räumen. Eine wirtschaftliche Analyse (Golf Grounds in Peripheral Locations. An Economic Analysis) 117

Österreichische Gesellschaft für Wirtschaftsraumforschung (ÖGW) – Gesellschaftsnachrichten 125

Autorenverzeichnis 127

WIRTSCHAFTSGEOGRAPHIE
Globale und Regionale Fragen

CONTAINERLANDBRÜCKEN –
Ergänzung oder Substitution von Überseetransporten?

Container Land Bridges – Supplementing or Substituting Overseas Transport?

Markus EXLER (Düsseldorf)

Kurzfassung

Die weltwirtschaftlich wesentlichen Teile der Welt sind durch drei Triadekerne repräsentiert; diese werden von „Rund-um-die-Welt-Containerdiensten" verbunden, die auf einer maritimen West-Ost-Achse verlaufen. Die jüngste Entwicklung wird von Seiten der großen Containerreedereien durch eine landseitige Optimierung gekennzeichnet. Hierbei bekommen die containerisierten Eisenbahn-Landbrückenverkehre eine immer größere Bedeutung. Das Hauptargument gegenüber der Seeroute ist die dadurch erreichte Zeitersparnis. Die landseitige Verbindung des Atlantischen und Pazifischen Ozeans mittels containerisierten Eisenbahnlandbrücken erfährt deshalb, trotz großer zu überwindender Distanzen, in Nordamerika ihren für die Praxis optimalen räumlichen Niederschlag, da die im System eingebundenen Häfen über große Umschlagkapazitäten und Umschlaggeschwindigkeiten verfügen. Im asiatischen Wirtschaftsraum erscheint es in naher Zukunft wenig realistisch, daß sich die europäisch-asiatische Eisenbahnlandbrücke zu einem ernstzunehmenden Angebotsteil entwickeln könnte.

Abstract

The most important parts of the world in terms of a global economy are represented by three triad cores; these are linked by "around-the-world container services" which are located on a maritime west-east axis. The most recent development is characterized by optimization on land on part of the large container shipping companies. Containerized railway land bridge traffic is of increasing importance in this context. The main advantage over the sea route is the saving of time thus accomplished. Inspite of long distances to overcome, land connection between the Atlantic and the Pacific Ocean by means of containerized railway land bridges therefore finds its best possible practical form in North America, since the ports which are part of the system have high transshipment capacities and turnover rates. With regard to the Asian economic area, it does not seem likely that the European-Asian railway land bridge could become a serious part of service in the near future.

Zu Beginn der 1980er Jahre forcierten die Eisenbahnbetreiber in Nordamerika den Auf- und Ausbau von Zugverbindungen, die einen zweilagigen Containertransport zuließen. In Verbindung mit den 1984 eingerichteten **Rund-um-die-Welt-Containerdiensten** konnte der amerikanische Kontinent von diesem Zeitpunkt an nicht nur wasserseitig mittels Panamakanal, sondern auch landseitig mit Zugverbindungen von Küste zu Küste, überbrückt werden.

1 Containerverkehr zwischen den Triadekernen

Arbeitsteilige Fertigungsprozesse machen nicht mehr an Landesgrenzen halt. Die Zulieferbeziehungen sind heute mehr oder weniger weltweit ausgedehnt. Das Auftragsvolumen derartiger Beziehungen beträgt etwa 30 % des industriellen Gesamtumsatzes. Dieser Anteil induziert in einem nicht unerheblichen Ausmaß Verkehrsleistungen.

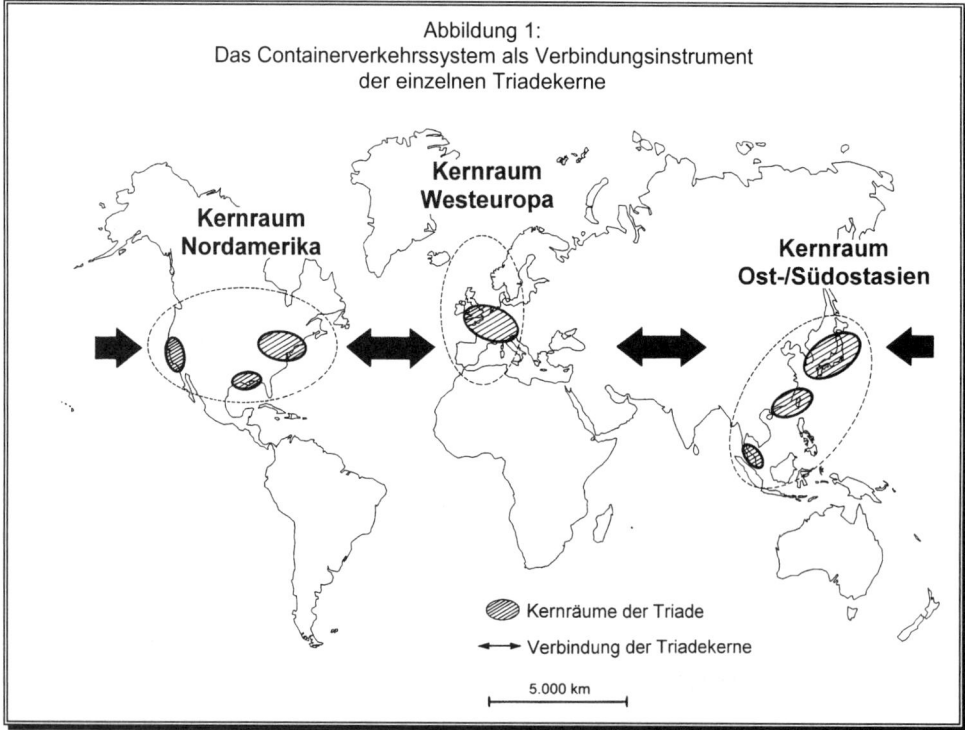

Abbildung 1:
Das Containerverkehrssystem als Verbindungsinstrument der einzelnen Triadekerne

Im Überseeverkehr ließ die **Etablierung des weltweiten Containerverkehrs** die Transportkosten pro Ladungseinheit auf etwa ein Viertel der früher bezahlten Stückkosten pro Streckeneinheit sinken. Im Zusammenhang mit den niedriger gewordenen Kommunikationskosten ist dadurch manche Produktionsverlagerung in die Billiglohnländer rentabel geworden. Weltweit arbeitsteilig organisierte Wertschöpfungsprozesse wurden möglich. Geographisch verbinden die großen Containerreedereien, wie beispielsweise Maersk Line, Evergreen Line, Sea-Land Service Inc., Nippon Yusen Kaisha (NYK), China Ocean Shipping (Cosco), P&O Containers, Hanjin Shipping, K-Line oder Hapag-Lloyd, im wesentlichen nur jenen Teil der Welt, der nach

Kenichi OHMAE[1] als Triade bezeichnet werden kann. Diese gliedert sich in die **Triadekerne Nordamerika, Westeuropa und Ost-/Südostasien**.

Von den genannten Reedereien werden sie mit **„Rund-um-die-Welt-Containerdiensten"** verbunden. Hierbei wird der Verkehr nur noch auf wenige Häfen und Haltepunkte konzentriert. Eine derartige Route führt von den nordwesteuropäischen Häfen über Algeciras (Andalusien) durch das Mittelmeer, den Suezkanal mit anschließenden Haltepunkt Jeddah (Saudi-Arabien) und den Indischen Ozean, mit dem Anlaufen von Ceylon, bis nach Singapur. Über Hongkong, Taiwan, Südkorea und Japan werden die Containerschiffe bis an die nordamerikanische Westküste geführt. Die angelaufenen Häfen sind hier an der Pazifikküste im wesentlichen Oakland, Los Angeles und Long Beach. Die Schiffe werden im weiteren Verlauf südlich durch den Panamakanal gesteuert und erreichen, nach dem Anlaufen der mittelamerikanischen „Transshipmentcenter" (Hafen für den Umschlag von Schiff zu Schiff) wie Cristobal (Panama Kanalzone) oder Kingston (Jamaika) an der nordamerikanischen Ostküste mehrheitlich die Häfen Charleston, Baltimore oder New York. Weltumrundende Containerverkehre sind jedoch bei den oben genannten Reedereien in den Fahrplänen nicht immer als das Angebotssegment „Rund-um-die-Welt-Dienst" gelistet. Sie bestehen dann aus mehreren einzelnen Rundreisen wie Transatlantikroute, Transpazifikroute oder der Europa-Ferner Osten-Relation[2].

2 Optimierung des Gesamtsystems

Die leistungsstarken Transportverbindungen der einzelnen **Triadekerne** verlaufen auf einer **maritimen West-Ost-Achse** innerhalb des Gesamtsystems. Obwohl die einzelnen zu verknüpfenden Triadekerne auf der Nordhemisphäre liegen, werden die Containerschiffe auf ihren Rund-um-die-Welt-Fahrten geographisch ein Stück weit nach Süden gelenkt. Das hängt mit der Lage der einzelnen Kontinente zusammen. Dennoch sind die maritimen Rund-um-die-Welt-Containerdienste neben dem Flugverkehr und der Datenkommunikation der zur Zeit deutlichste Ausdruck optimierter Systemlösungen zur Verbindung weltwirtschaftlicher Zentren. Die Effizienz dieser maritimen logistischen Systemvariante scheint aber heute im wesentlichen ausgereizt zu sein. Die jüngste Entwicklung wird von Seiten der großen Containerreedereien durch eine **landseitige Optimierung** innerhalb des Gesamtsystems gekennzeichnet. Hierbei bekommen die **containerisierten Eisenbahn-Landbrückenverkehre** eine immer größere Bedeutung. Das Hauptargument gegenüber der Seeroute ist die dadurch erreichte Zeitersparnis von mehreren Tagen. Eine **Eisenbahn-Landbrücke** ist eine containerisierte Eisenbahnstrecke zwischen zwei Ozeanen[3]. **Mini-Landbrücken** sind dagegen kontinentale Verbindungen, die am Hafen des anderen Ozeans enden. Nicht zu verwechseln ist beides mit den Hinterlandverkehren zwischen den Überseehäfen und den Binnendestinationen, wie sie in den einzelnen Ländern der Triadekerne mit leistungsfähigen Landtransportmitteln wie Lastkraftwagen, Eisenbahn oder dem Binnenschiff (letzteres im wesentlichen in Westeuropa auf

---

[1] Ohmae, K. (1985) Macht der Triade, die neue Form des weltweiten Wettbewerbs, Wiesbaden.
[2] Exler, Markus (1996) Containerverkehr – Reichweiten und Systemgrenzen in der Weltwirtschaft. Nürnberger wirtschafts- und sozialgeographische Arbeiten 50, Nürnberg.
[3] Fleming, Douglas K. (1989) On the beaten track: a view of US West-Coast container port competition. Maritime Policy and Management 16, Nr. 2, S. 93 - 107.

den Wasserstraßen Rhein, Main, Donau, Neckar, Elbe, Weser, Mittellandkanal oder dem Rhein-Main-Donau-Kanal) durchgeführt werden.

2.1 Eisenbahn-Landbrückenverkehrsdienste in Nordamerika

Die frequentierteste und bekannteste **containerisierte Eisenbahnlandbrücke** ist die Verbindung der beiden nordamerikanischen Küsten. Die Passage durch den Panamakanal, einem Engpaß im Containertransportsystem zwischen dem Atlantischen und dem Pazifischen Ozean, kann mit dieser Lösung vermieden werden. Landbrückenverkehre sind deshalb in einem systemökonomischen Zusammenhang mit der containerisierten Überseeschiffahrt zu sehen; sie ersetzen Seetransporte. Die **Substitution der Panamakanalpassage** mittels funktionaler Einbindung der Landbrückenverkehre begann 1984 im Zusammenhang mit den Rund-um-die-Welt-Containerdiensten der Reedereien Evergreen Line und US-Lines [4].

In diesem Transportsegment treten die **großen Reedereien als Systemführer** auf. Der Containerfluß wird mit regelmäßig und in dichter Zugfolge laufenden **doppelstöckig containerisierten Blockzügen**, also gesamten Zugeinheiten, mit den Containern der organisierenden bzw. durchführenden Reederei und denen der Vertragspartner, gewährleistet. Der doppelstöckige Containerlauf wird in Nordamerika durchführbar gemacht, da die einzelnen Strecken ohne Elektrifizierung und weitgehend ohne Tunnels sind [5]. Derartige Züge laufen in der Regel mit 25 Gelenkwaggons und einer Kapazität von 500 TEU (Twenty Equivalent Unit = Maßeinheit für einen 50 Fuß-Container). Diese Transporttechnik wurde möglich, da die Gesamthöhe durch Leichtgewichtwaggons gesenkt werden konnte. Die untersten Container liegen in einem sehr tief gelegenen Slot und nur wenige Zentimeter über den Gleisen [6].

2.1.1 Strategische Vorteile

Über den **ökonomischen Erfolg einer Landbrücke** entscheidet im wesentlichen die **Umschlagleistung in den Systemschnittstellen** wie Überseehäfen und Eisenbahnumschlaganlagen. Hier werden die Zeitvorteile gegenüber der ausschließlichen Seeroute erreicht. Als hervorzuhebender Vorteil der nordamerikanischen Landbrücken ist die dadurch ermöglichte funktionale Einbindung von Post-Panamax-Schiffen (große Containerschiffe, die für die Durchfahrt des Panamakanals zu breit sind) zu sehen, die auf dem ostwärts laufenden Transportweg vom Pazifischen zum Atlantischen Ozean fahren können, ohne daß die Containerschiffe aufgrund ihrer Überbreite durch die Magellanstraße geführt werden müssen. Die Möglichkeit Transportzeiten einzusparen, gilt als das Hauptmotiv für die Durchführung, denn weitgehend alle großen Überseereedereien setzen in ihrem nordamerikanischen Leistungsangebot auf derartige Dienste. Über **Zeitersparnisse** wird die hohe Kapitalbindung verkürzt, so daß diese Systemvariante sich auf der Kostenseite dann wiederum positiv auswirkt. Die Transportzeit zwischen den beiden Ozeanen kann bei der Konfiguration

---

[4] Ansary, H. J. (1988) Port strategy - a North American view. In: Cargo Systems Publications Ltd. (Hrsg.): 3rd. Container Shipping Conference, Vol. III, S. 75 - 76.

[5] Leuschel, Ingulf (1993) Die Eisenbahnen Nordamerikas. In: Die Deutsche Bahn - Zeitschrift für aktuelle Verkehrsfragen 69, H. 2, S. 162 - 166.

[6] Henderson, Anthony M. S. (1987) Intermodaltransport - ein Kostenproblem und seine Lösung. In: Die Integration des Containers als logistische Einheit in Produktion und Distribution, Schriftenreihe der Deutschen Verkehrswissenschaftlichen Gesellschaft e. V., B 107, S. 56 - 91, Bergisch Gladbach.

einer Containerlandbrücke bis auf ein Drittel gegenüber dem ausschließlichen Seetransport reduziert werden. Die Transportzeit der Seeverbindung Baltimore-Oakland beispielsweise beträgt via Panamakanal 15 Tage. Die Substitution mit einer Landbrücke dauert 5 Tage. Weitere doppelstöckige Landbrückenverkehre laufen in Nordamerika west- und ostwärts zwischen Boston / New York (Ostküste) - Chicago (Binnendestination) - Seattle, Tacoma, Portland, Oakland und Los Angeles / Long Beach (Westküste) und auch zwischen Los Angeles (Westküste) und Houston / New Orleans (Golfküste).

2.1.2 Angebotsstruktur

Die Hauptanbieter und Systemführer in diesem Transportsegment sind im wesentlichen die großen Containerreedereien **Evergreen**, **Maersk**, **Sea-Land** und **Nippon Yusen Kaisha** (NYK). Evergreen bedient westwärts von New York und Boston aus die an der Westküste gelegenen Häfen Seattle und Los Angeles. Der Umladeknoten im Binnenland ist Chicago. Eine weitere Verbindung wurde zwischen New Orleans, Houston, El Paso und Los Angeles eingerichtet [7].

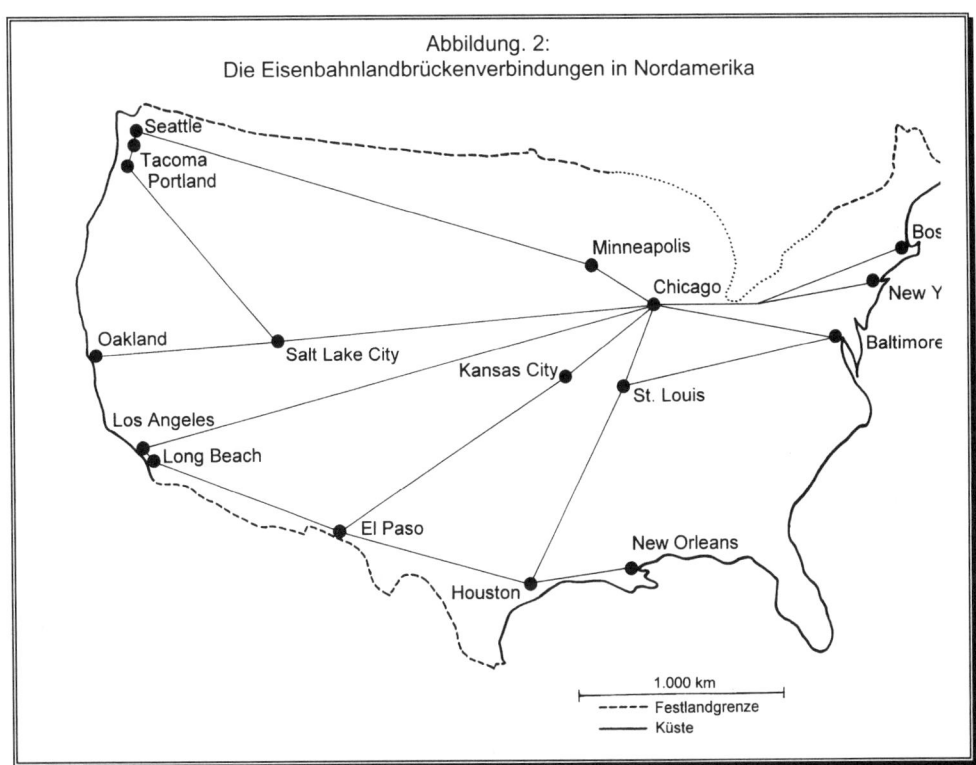

Abbildung. 2:
Die Eisenbahnlandbrückenverbindungen in Nordamerika

Maersk verbindet mit ostwärtigen Doppelstockzügen ein- bis zweimal wöchentlich die Containerhäfen der Westküste (Tacoma, Oakland und Long Beach) mit New York und Norfolk an der Ostküste. Als **Umladestandorte** wurden Chicago und Kansas City eingerichtet. Auch für Maersk werden die Häfen am Golf von Mexiko mit Block-

---

[7] *Evergreen Deutschland GmbH (1997) Beantworteter Fragebogen, Hamburg.*

zügen an die an der Westküste gelegenen Häfen angebunden [8]. Das Leistungsangebot von Sea-Land in diesem Marktsegment entspricht im wesentlichen dem von Evergreen und Maersk [9]. Auch NYK bietet Landbrückenverkehre in Verbindung mit dem US-Service an. Die Transportstrecken für dieses Leistungssegment sind New York - Chicago - Seattle oder auch New York - Chicago - Los Angeles. Die Bedienung erfolgt auch bei NYK genauso wie bei den oben aufgeführten Reedereien als west- und ostwärts laufende Doppelstockzugverbindungen [10].

2.2 Eisenbahnlandbrückenverkehrsdienste in Asien

In den 1970er Jahren wurde die Systemvariante Eisenbahnlandbrückenverkehr in Verbindung mit der **Transportstrecke Westeuropa-Ostasien** in die Verkehrs- und Transportdiskussion gebracht. Besonders die japanischen und koreanischen Verlader zeigten, motiviert durch günstige Transportpreise, großes Interesse an dieser Art des Containerflusses [11].

Die **US-amerikanische Überseereederei Sea-Land** ist, in Ergänzung zu ihrem maritimen Containertransportangebot, in diesem Geschäftsfeld sehr aktiv. Von Westeuropa aus wird mit der Transsibirischen Eisenbahn Japan über den Hafen Nachodka verbunden. Mit der Eisenbahnlandbrücke auf dem europäisch-asiatischen Festland verbindet Sea-Land den an der Nordsee gelegenen niederländischen Hafen Rotterdam mit dem an der asiatischen Ostküste (Pazifischer Ozean) gelegenen Hafen Wladiwostok. Der Transport auf dieser Strecke wird sowohl ost- als auch westwärts angeboten. Die einzelnen Haltepunkte sind ostwärts der niederländische Hafen Rotterdam und die russischen Stationen Brest, Nowosibirsk, Irkutsk, Chita, Chabarowsk und Nachodka bzw. Wladiwostok.

Der **Containerlauf der Transsibirischen Eisenbahn** auf der Europa-Ostasien-Verbindung könnte zu einem ernstzunehmenden Wettbewerber gegenüber dem ausschließlichen Containertransport auf dem Schiff werden. Durch die geringere Entfernung der Landverbindung werden die höheren Kosten, die bei ihrer Nutzung entstehen, kompensiert. Auf dem Weg von Deutschland nach Japan wäre das eine Transportwegeinsparung von etwa einem Drittel. Zeitliche Vorteile können aber aufgrund der langsameren Transportgeschwindigkeit nicht herausgefahren werden. Der Transport von Japan nach Europa dauert mit dem Schiff 26 bis 32 Tage [12]. Die Transsibirische Eisenbahn ist auf der Gesamtstrecke mit den vorgeschalteten Seetransporten etwa 35 bis 40 Tage unterwegs.

Von den weltweit agierenden Containerreedereien macht mit Ausnahme von Sea-Land aber zur Zeit noch keine von dieser Transportvariante Gebrauch. Zu groß sind die damit verbundenen **organisatorischen und technischen Hemmnisse**. Der Containerlauf durch Sibirien wird wegen starker klimatischer Risiken nicht gerne in Anspruch genommen. Wegen großer jahreszeitlicher und regionaler Temperaturschwankungen können durch Rußland nicht immer alle ostasiatischen Exportgüter

---

[8] *Maersk Deutschland GmbH (1997) Beantworteter Fragebogen, Hamburg.*
[9] *Sea-Land (1997) Beantworteter Fragebogen, Bremen.*
[10] *NYK-Line Deutschland GmbH (1997) Beantworteter Fragebogen, Hamburg.*
[11] *Beth, Hans-Ludwig, Arnulf Hader und Robert Kappel (1983) 25 Jahre Weltschiffahrt. Jubiläumszeitschrift der Finanzierungsgesellschaft Viking, Zürich.*
[12] *Mitsui O.S.K. Deutschland GmbH (1997) Beantworteter Fragebogen, Hamburg.*

wie beispielsweise Elektronikartikel befördert werden. Im Jahresdurchschnitt muß mit 260 Frost- und 177 Schneetagen gerechnet werden. Die Zuverlässigkeit des Containertransports ist dadurch nicht immer gegeben. In den 1980er Jahren beförderte die Transsibirische Eisenbahn westwärts etwa 80.000 TEU und ostwärts etwa 20.000 TEU[13].

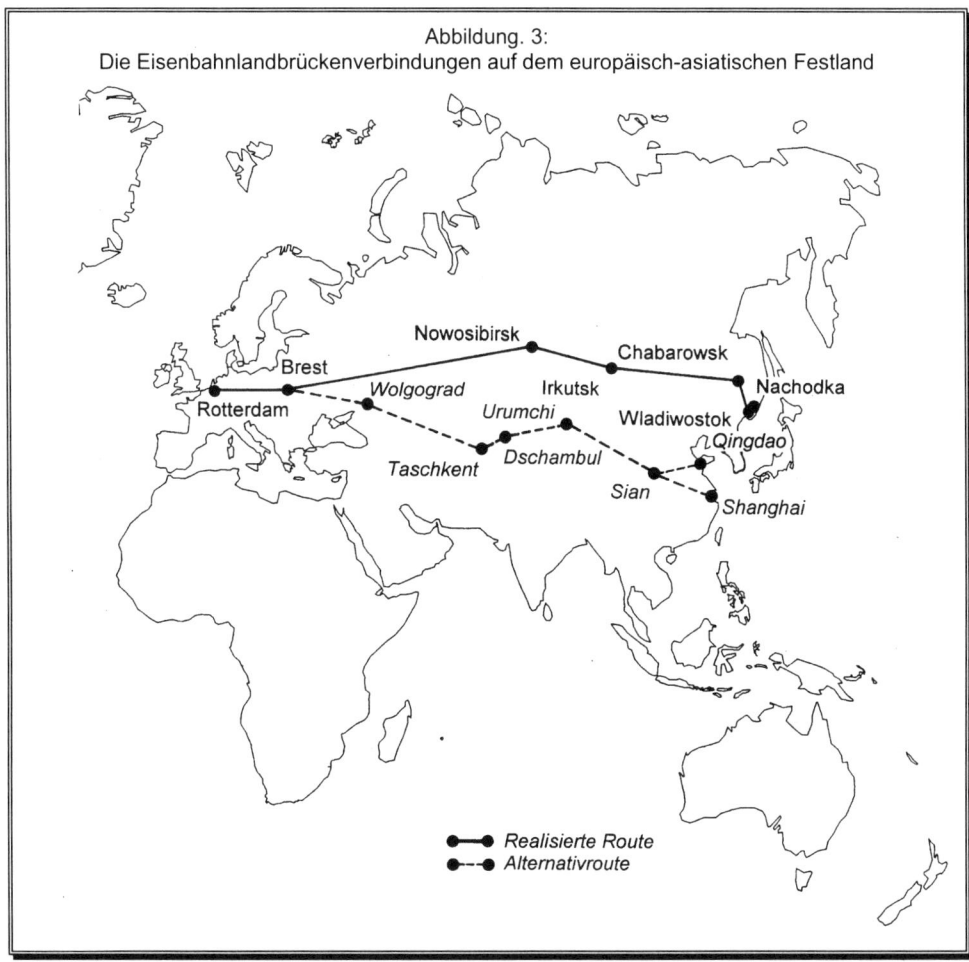

Abbildung. 3:
Die Eisenbahnlandbrückenverbindungen auf dem europäisch-asiatischen Festland

Die **klimatischen Hemmnisse** ließen sich aber durch eine weiter südlich verlaufende Eisenbahnroute vermeiden *(siehe: Abb. 3 „Alternativroute")*. Sie würde vom russischen Umschlagknoten Brest über Wolgograd (Rußland), Taschkent (Usbekistan), Dschambul (Kasachstan), Urumchi (China), Sian (China) bis zu den chinesischen Häfen Qingdao oder Shanghai führen. Die ehemals so bedeutende **alte Seidenstraße** könnte im Zeitalter der modernen vernetzten Weltwirtschaft als Containertransportweg wieder eine wichtige funktionale Bedeutung erlangen. In Anbetracht der derzeitigen politischen und ökonomischen Situation in den von dieser Trans-

---

[13] *Beth, Hans-Ludwig, Arnulf Hader und Robert Kappel (1983) 25 Jahre Weltschiffahrt. Jubiläumszeitschrift der Finanzierungsgesellschaft Viking, Zürich.*

portstrecke betroffenen Ländern, wie einzelne GUS-Staaten und China, scheint es in naher Zukunft jedoch eher unwahrscheinlich, daß dort ein leistungsfähiger Transportweg für den Containerverkehr entstehen wird.

3 Kritische Würdigung

Die **Rentabilität von containerisierten Landbrückensystemen** liegt nicht in der zurückzulegenden verkürzenden Distanz, sondern in der **Einsparung der Gesamtfahrzeit** im weltumrundenden Containerverkehr. Von entscheidender ökonomischer Bedeutung ist deshalb die **Umschlagleistung der einzelnen Häfen**, welche als Systemschnittstellen zwischen wasser- und landseitigem Verkehr ihre funktionale Bedeutung haben. Optimierungsbemühungen setzen deshalb nicht an der Strecke, sondern in den Überseehäfen und Binnenumschlaganlagen an.

Die **landseitige Verbindung des Atlantischen und Pazifischen Ozeans** mittels **containerisierten Eisenbahnlandbrücken** erfährt deshalb, trotz großer zu überwindender Distanzen, in Nordamerika ihren für die Praxis **optimalen räumlichen Niederschlag**, da die im System eingebundenen Häfen über große Umschlagkapazitäten und Umschlaggeschwindigkeiten verfügen. Geographisch würde sich für die Überwindung des amerikanischen Kontinents auch eine wegesparende Lösung anbieten, welche im mittelamerikanischen Costa Rica oder auch in Panama konfiguriert werden könnte. Große Investitionen wären aber in den dafür notwendigen Hafenanlagen an beiden Küstenteilen zu tätigen. Die Überseehäfen an den nordamerikanischen Küsten sind jedoch heute schon mit den dafür notwendigen Kapazitäten ausgestattet. Die im System des Weltcontainerverkehrs eingebundenen nordamerikanischen Schnittstellen fungieren im internationalen Ranking unter den ersten zwanzig. An der Westküste sind das die Häfen Long Beach auf Rang 8 mit etwa 1,9 % Gesamtmarktanteil der weltweiten Containerbewegungen, Los Angeles auf Rang 9 mit etwa 1,8 % Marktanteil und Oakland auf Rang 18 mit etwa 1,1 % Marktanteil. An der US-amerikanischen Ostküste ist der Containerhafen von New York (Rang 12 mit etwa 1,5 % Marktanteil) auch unter den zwanzig weltweit führenden Containerhäfen[14]. Eine Etablierung von **Landbrückenverkehren** wird demnach **in Mittelamerika** so schnell keine Chance haben. Zu hoch wären die für die Amortisation nötigen Containerbewegungen.

Auch im **asiatischen Wirtschaftsraum** erscheint es in naher Zukunft wenig realistisch, daß die oben dargestellte europäisch-asiatische Eisenbahnlandbrücke sich zu einem ernstzunehmenden Angebotsteil entwickeln könnte. Die umfangreichen Investitionen für eine optimierte Formalstruktur, für moderne Umschlagfazilitäten auf der Pazifikseite, für eine für Blockzüge ausgelegte Streckenführung und für moderne Kommunikationssysteme, sind mit Sicherheit auch hier nicht ohne weiteres aufzubringen. Wenn man bei der Beurteilung dieser Transportstrecke an die klimatischen Bedingungen denkt, stellt sich die Frage, ob diese systemökonomisch wirklich wichtig ist, um deren Ausbau zu forcieren. Klimaempfindliche Ladungsobjekte könnten auch in Zukunft nur mit teuren Spezialcontainern befördert werden. Dadurch wären mögliche Einsparungseffekte gegenüber dem Schiffstransport nicht mehr vorhanden.

---

[14] *Hafen Hamburg Marktforschung (1997) Containerumschlag der wichtigsten Häfen der Welt. Zusammengestelltes Zahlenmaterial der Hafen Hamburg Verkaufsförderung und Werbung e. V., Hamburg.*

Literatur:

Ansary, H. J. (1988) Port strategy – a North American view. In: Cargo Systems Publications Ltd. (Hrsg.): 3rd. Container Shipping Conference, Vol. III, S. 75 - 76.

Beth, Hans-Ludwig, Arnulf Hader und Robert Kappel (1983) 25 Jahre Weltschiffahrt. Jubiläumszeitschrift der Finanzierungsgesellschaft Viking, Zürich.

Containerisation International Yearbook 1997, London.

Exler, Markus (1996) Containerverkehr – Reichweiten und Systemgrenzen in der Weltwirtschaft. Nürnberger wirtschafts- und sozialgeographische Arbeiten 50, Nürnberg.

Evergreen Deutschland GmbH (1997) Beantworteter Fragebogen, Hamburg.

Fleming, Douglas K. (1989) On the beaten track: a view of US West-Coast container port competition. Maritime Policy and Management 16, Nr. 2, S. 93 - 107.

Hafen Hamburg Marktforschung (1997) Containerumschlag der wichtigsten Häfen der Welt. Zusammengestelltes Zahlenmaterial der Hafen Hamburg Verkaufsförderung und Werbung e. V., Hamburg.

Henderson, Anthony M. S. (1987) Intermodaltransport – ein Kostenproblem und seine Lösung. In: Die Integration des Containers als logistische Einheit in Produktion und Distribution, Schriftenreihe der Deutschen Verkehrswissenschaftlichen Gesellschaft e. V., B 107, S. 56 - 91, Bergisch Gladbach.

Linde, Horst (1986) Ursachen und Auswirkungen derzeitiger Strukturwandlungen in der Linienschiffahrt. Studie im Auftrag des Bundesministers für Verkehr, Abteilung Seeverkehr, Berlin.

Leuschel, Ingulf (1993) Die Eisenbahnen Nordamerikas. In: Die Deutsche Bahn - Zeitschrift für aktuelle Verkehrsfragen 69, H. 2, S. 162 - 166.

Maersk Deutschland GmbH (1997) Beantworteter Fragebogen, Hamburg.

Mitsui O.S.K. Deutschland GmbH (1997) Beantworteter Fragebogen, Hamburg.

NYK-Line Deutschland GmbH (1997) Beantworteter Fragebogen, Hamburg.

Ohmae, Kenichi (1985) Macht der Triade, die neue Form des weltweiten Wettbewerbs, Wiesbaden.

Sea-Land (1997) Beantworteter Fragebogen, Bremen.

INNENSTADT-ZENTREN UND ZENTRIERBARKEIT:
Die Steuerbarkeit innerstädtischer Funktionsaufwertung durch Projekte zur Gleisüberbauung

Inner City Centres and Centering Possibilities: The Controllability of Inner City Functional Revaluation by Projects to Overbuild Railway Tracks

Rudolf JUCHELKA (Aachen/Wien)

Kurzfassung:

In Innenstädten westeuropäischer Großstädte werden derzeit in erheblichem Ausmaß Flächen bzw. Standorte zur Umnutzung frei: Dies gilt vor allem für Grundstücke von Postämtern und Bahnflächen. Am Beispiel der österreichischen Hauptstadt Wien können prototypische Entwicklungen zur Überbauung von Bahnhofs- und Gleisflächen aufgezeigt werden. Aus der Wiener Fallstudie lassen sich verschiedene Leitfragen ableiten: Wie können die neu zu nutzenden Flächen langfristig nachhaltig in die gewachsenen Stadtstrukturen integriert werden? Welche Möglichkeiten und Methoden der ‚Zentren-Machbarkeit' (Zentrierbarkeit von Funktionen) gibt es? Wie gestalten sich die Anforderungen unterschiedlicher Nutzergruppen an ein Innenstadt-Zentrum im Vergleich zu einem neu generierten Zentrum? Welche Bedeutung spielt die verkehrsgeographische Lage und Anbindung im Rahmen der Steuerung derartiger innerstädtischer Zentrierungsprozesse?

Abstract:

In Western European city centres, areas and locations are currently becoming open to different uses on a large scale: This pertains mainly to premises and sites of post offices and railway properties. The Austrian capital, Vienna, exemplifies prototypical developments of overbuilding of railway tracks and train station premises. Some key questions can be deducted from the Vienna case study: How will the sustainable integration of these differently used areas into the historically grown structure of the city be possible in the long run? What possibilities and methods of centralization (possibilities of centering functions) are there? What do the different user groups require from a location in the city centre compared to a newly generated centre? What role do the traffic aspects (geographic location, connections etc.) play in the framework of the regulation of such inner city centralization processes?

4 Problemstellung und Zielsetzung

Fragestellungen aus den Bereichen **Zentralität, Zentrengestaltung, Zentrierung** und **Zentralisierung** bilden ein klassisches Forschungs- und Anwendungsfeld der Geographie und nahestehender raum- sowie planungsbezogener Wissenschaften. Schwerpunkte der bisherigen Untersuchungen bildeten interurbane Zentalitätsmuster (auf Basis und in Weiterführung der Studien von CHRISTALLER) sowie intraurbane hierarchisierte Zentrensysteme, wie sie beispielsweise im Mehr-Kerne-Modell von HARRIS und ULLMANN *(1945)* aufgezeigt werden.

Schwerpunkt der vorliegenden Untersuchung[1] sollen dementsprechend nicht die Beschreibung, Analyse und Erklärung bestehender innerstädtischer oder interurbaner Zentrenmuster sein, sondern im Mittelpunkt stehen **Faktoren und Determinanten zur Steuerung innerstädtischer Zentrierungsprozesse** an spezifischen Standorttypen. Die Fragen zur ‚**Machbarkeit von Standorten**' sollen in ein Konzept bzw. eine Theorie zur innerstädtischen Standort-Steuerbarkeit münden.

Der **interdisziplinäre Ansatz** der Problemstellung wird in Abb. 1 verdeutlicht. Die Spannweite reicht dabei von ingenieurwissenschaftlichen, baurechtlichen bis zu ökonomischen Aspekten.[2] Gleichwohl steht die Betrachtung aus geographischer – und damit räumlicher Perspektive – im Mittelpunkt.

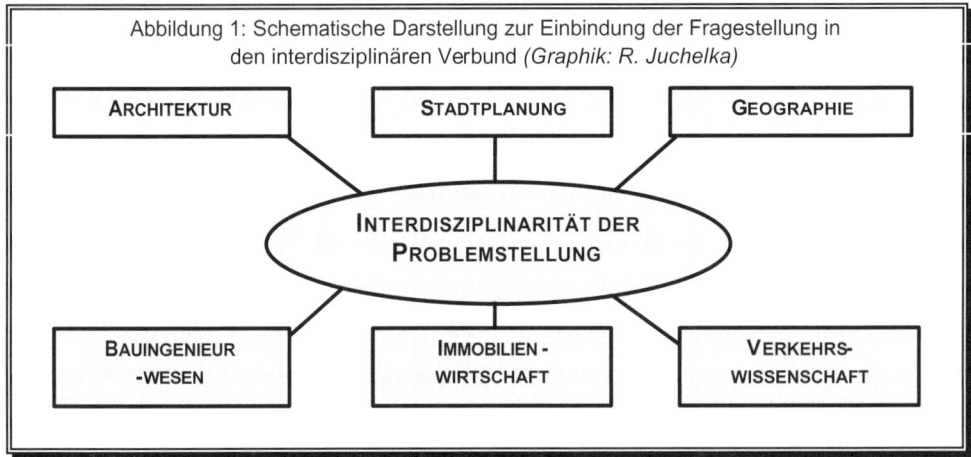

Abbildung 1: Schematische Darstellung zur Einbindung der Fragestellung in den interdisziplinären Verbund *(Graphik: R. Juchelka)*

5 Themenbezogene theoretische Konzepte der Geographie

Die **klassischen geographischen Standorttheorien**, beispielsweise von WEBER, oder Modelle mit Erklärungsansätzen aus **verhaltenswissenschaftlicher Perspektive** sind in ihrer Anwendung auf die Suche und Erklärung von Standorten beschränkt. Diese überwiegend deskriptiv-analytischen Ansätze greifen bei Überlegungen zur Steuerbarkeit von Standorten in intraurbanen Systemen nur bedingt. We-

---

[1] *Die Ausführungen in diesem Beitrag fassen die ersten Ergebnisse zur Problemkonkretisierung zusammen und sollen im Rahmen des Habilitationsprojektes des Verfassers theoretisch, empirisch und anwendungsbezogen untersucht werden.*

[2] *Die Tätigkeit des Verfassers an einer Universität mit technisch-ingenieurwissenschaftlichem Schwerpunkt und gleichzeitig starken interdisziplinären Vernetzungen in Querschnittsarbeitsgruppen erleichtert in diesem Zusammenhang die integrative Betrachtung der Thematik.*

sentlich sinnvoller können Elemente der **Boden-Renten-Theorie** als Erklärungsansatz für die Wertigkeit von hochwertigen – auch künstlich erzeugbaren - Einzelstandorten herangezogen werden.

Stadtstrukturmodelle, die der Erklärung intraurbaner Strukturen von Städten dienen, lassen Mikrostandorte und intraurbane Zentrenmuster weitgehend unberücksichtigt. Schon eher greifen Überlegungen aus dem **systemtheoretischen Ansatz**, der – nicht nur bei Fragen der Standort-Steuerbarkeit – das Zusammenwirken unterschiedlichster, in dynamischer Wechselwirkung stehender Faktoren, Akteure und Prozesse in einem bestimmten Raum untersucht.

Der **Ansatz der vorliegenden Untersuchung** stellt insofern eine Anwendung und Weiterentwicklung bestehender Konzepte aus der klassischen Standortforschung sowie intraurbaner Zentrenmodelle dar, allerdings erfordert die Problemstellung eine Fokussierung, Gewichtung und Neuausrichtung. Planungsmethodischer Ansatz ist die Existenz einer **Lokalität** – bewußt noch keines ‚Standortes' - mit gewissen endogenen räumlichen Potentialen. Wie ist nun aus dieser ‚Lokalität' ein ‚Standort' zu kreieren? Welche Möglichkeiten der Substitution bzw. Ergänzung durch neu zu schaffende und damit exogene Potentiale bestehen? Welche Funktionen lassen sich zur Standortgenerierung zentrieren?

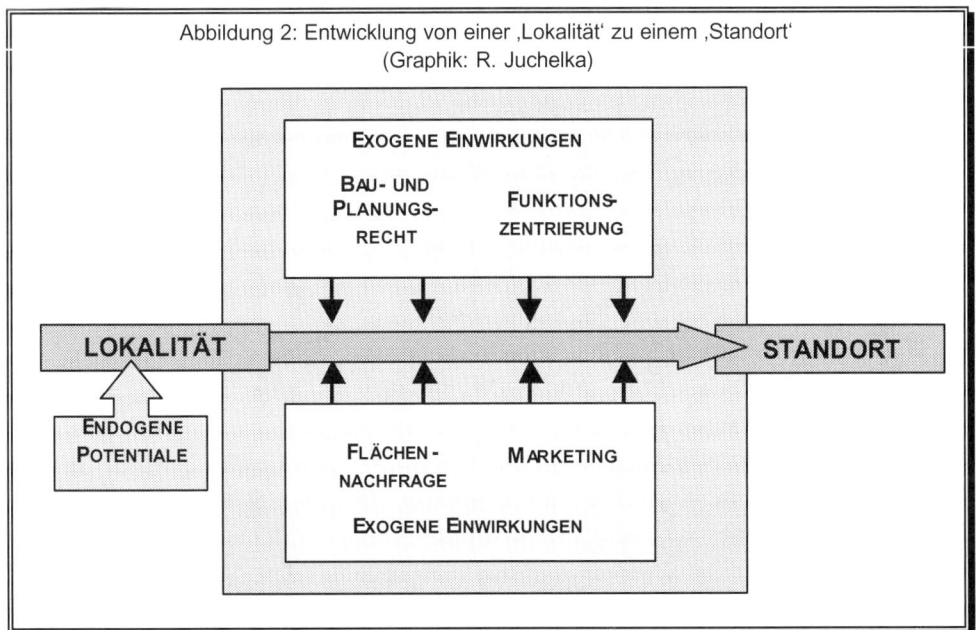

Abbildung 2: Entwicklung von einer ‚Lokalität' zu einem ‚Standort' (Graphik: R. Juchelka)

Zielsetzung ist die **Entwicklung eines Kriterienkataloges** und damit einer **Methodik zur innerstädtischen Standortsteuerung** vor dem Hintergrund einer Möglichkeit der funktionalen Zentrierung unter dem Einfluß von
- natürlichen Voraussetzungen (Topographie, geologische, hydrologische und geomorphologische Situation, Baugrund),
- technischen Möglichkeiten (Bebauungsmöglichkeiten),
- wirtschaftlichen Erfordernissen (Finanzierungs- und Betreibungsmodellen für tragfähige Nutzungskonzepte, Standortmarketingaktivitäten) *(vgl. KOTLER 1994),*

- soziokulturellen Einbindungen (Integration in gewachsene Nutzungsstrukturen und Erwartungen an Städte und deren Teilsysteme) und
- politischen Absichten (Bereitschaft zur Förderung bestimmter Standorttypen).

6 Konkretisierung: Flächenpotentiale in Innenstädten

Hohe **Multifunktionalität** (Wohnen, Arbeit, Freizeit, Versorgung, Verkehr) bei gleichzeitig ausgeprägter **Dynamik** der Funktionen (Wegfall, Ergänzung, Überlagerung, Nutzungsmischung) kennzeichnet die Innenstädte bzw. Stadtzentren [3] westeuropäischer Großstädte.

Angesichts ihrer intensiven Flächenbeanspruchung treten vielfach **Nutzungskonflikte** bzw. **Flächennutzungskonkurrenzen** auf (beispielsweise zwischen Wohnen und Verkehr). Innenstädte sind also zum einen **Hochfrequenzstandorte** mit positiven wie negativen Verdichtungs- und Konzentrationseffekten, zum anderen aber auch herausragende **Attraktivitätskerne** für Besucher, Bewohner und Gewerbetreibende. Dabei befinden sie sich im harten Wettbewerb mit nicht integrierten Standorten auf der sogenannten ‚**grünen Wiese**' *(vgl. KULKE 1998, S. 162 ff.)*. Dort entstehen zunehmend multifunktionale Einkaufs- und Freizeitzentren als ‚neue, künstliche Erlebniswelten', die nach den jüngsten Konzepten unter dem Begriff „Urban Entertainment Center" (UEC) firmieren und Alternativen zum Besuch innerstädtischer Zentren darstellen *(vgl. JUCHELKA 2000, S. 39)*. Gleichzeitig sind aber auch – beispielsweise im Migrationsverhalten einzelner Bevölkerungsschichten (Gentrification) – Tendenzen zu einer ‚Renaissance der Innenstädte' erkennbar *(vgl. HELBRECHT 1996, JUNKER 1997 und WÄRNERYD 1994).*

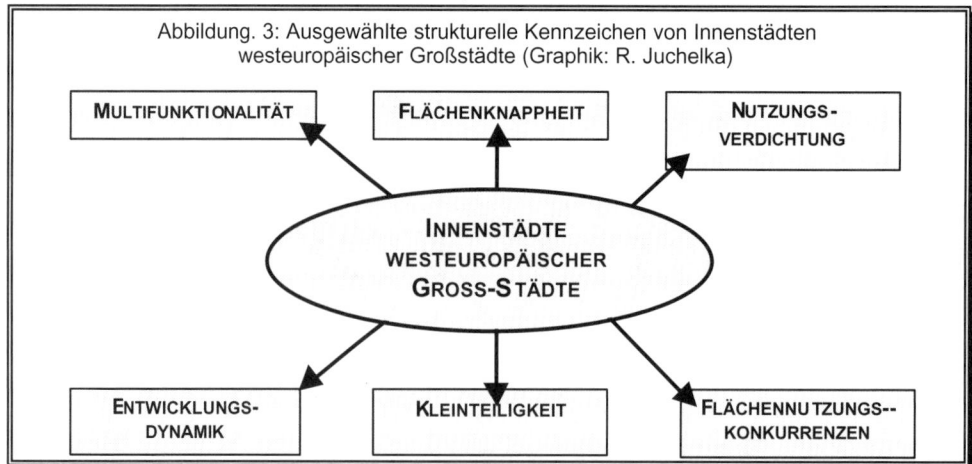

Abbildung. 3: Ausgewählte strukturelle Kennzeichen von Innenstädten westeuropäischer Großstädte (Graphik: R. Juchelka)

Die **Flächenproblematik in Innenstädten** ist insgesamt durch bestehende **Engpässe** gekennzeichnet. Gleichzeitig – und dies ist der spezifische Ansatzpunkt der vorliegenden Untersuchung – ist seit Mitte der 1990er Jahre eine scheinbar **konträre Flächenverfügbarkeit** festzustellen: In den überwiegend historisch gewachsenen, kleinteilig strukturierten, daher vielfältig genutzten und relativ stark verdichteten

---

[3] *Im folgenden verstanden als flächenmäßig und funktional nicht mit der City identischer, sondern weiter gefaßter Teilraum einer Stadt. Eine Gleichsetzung der Begriffe erscheint für die folgende Argumentation deshalb nicht sinnvoll.*

westeuropäischen Innenstädten von Großstädten werden Areale in erheblichem Ausmaß zur Umnutzung als modifizierte Form des **Flächenrecyclings**[4] frei. Deren Wieder- oder Neunutzung bringt deutliche Veränderungen der vorhandenen Strukturen mit sich, wobei die positiven und/oder negativen Auswirkungen momentan noch nicht abgeschätzt werden können (vgl. LICHTENBERGER 1995, S. 208). Insgesamt eröffnen sich **neue Flächenpotentiale** durch zur Umnutzung, Aufwertung und/oder Revitalisierung anstehende Flächen in Innenstädten sowie in Innenstadtrandbereichen.

Zwei Potentialbereiche sind hier herausragend: zum einen **Bahnflächen**, hier vor allem Personenbahnhöfe, Güterbahnhöfe und sonstige Gleis(rand)flächen, zum anderen **Postflächen**, die als Folge veränderter Logistiksysteme und der Verlagerung zu Brief- bzw. Paketzentren in den Stadtrandbereich freigeworden sind (vgl. KRAU U. ROMERO 1998 und DSSW 1997). Abbildung 4 stellt in schematisierter Form die Problematik der vielfach anstehenden Flächenumnutzung im Stadtraum dar.

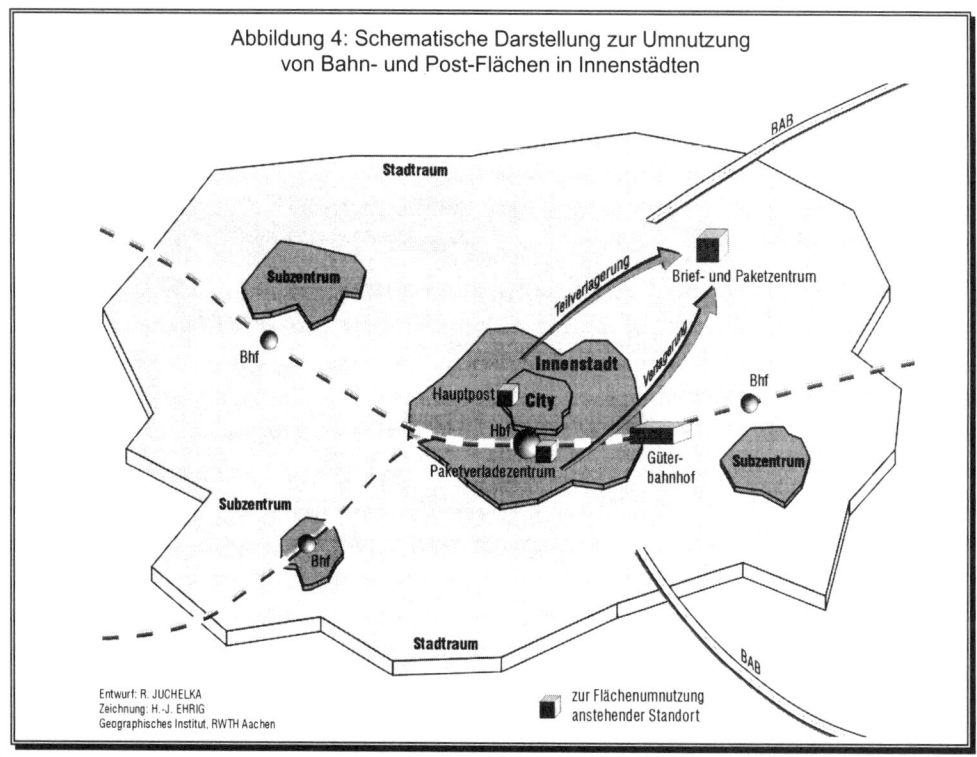

Die **Größenordnung dieser Flächenproblematik** wird am Beispiel der Deutschen Post AG augenfällig, die – neben der Deutschen Bahn AG – zu den größten deutschen Immobilieneignern zählt (nach Angaben der Post AG): Sie besitzt 4.000 Grundstücke, auf denen ca. 8.000 Gebäude mit 12 Millionen Quadratmetern Geschoßfläche stehen, davon der größte Teil in Innenstadtlagen. In den nächsten fünf

---

[4] *Bekannte und bereits untersuchte Formen des Flächenrecyclings von Industriearealen sowie bei Konversionsflächen stehen nicht im Mittelpunkt der Untersuchung, werden aber bei Bedarf ergänzend einbezogen.*

Jahren sollen von den 8.000 Gebäuden etwa 3.000 verkauft werden. Zum Vergleich: Die Deutsche Bahn AG beabsichtigt in rund 25 Städten Flächen im Umfang von mehr als 1.500 Hektar zu recyclen *(nach RONNEBERGER 1999, S. 96)*.

Trotz der gewaltigen flächenhaften Dimension der Problematik ist die **Variationsbreite der möglichen Ideen zur Verwertung bzw. Nutzung** dieser Flächen außerordentlich **gering**, denn Projektentwickler, Stadtplaner und City-Manager favorisieren für diese Flächen multifunktionale Zentren (nach dem städtebaulichen Konzept der Nutzungsmischung) mit Anreiz zum Erlebnis-Shopping, mit Formen der Erlebnis- bzw. System-Gastronomie, Multiplex-Kinos und/oder Musical-Theater, ggf. ergänzt um Hotel-, Tagungs-, Wohn- und Bürofunktionen *(vgl. RÖCK 1998, DATZER u.a. 1999, JUCHELKA 2000)*. Diese oftmals kombinierten Standard-Bausteine möglicher Nutzungskonzepte sollen eine im Tagesgang ausgeglichene Besucherfrequenz sicherstellen. Urbanität wird hier durch eine funktionale Zentrierung angestrebt, Meßindikator für den Erfolg ist die Passantenfrequenz.

Gleisüberbauungen stellen grundsätzlich eine spezifische Form der **Verkehrsflächenüberbauungen** dar. Die allgemeine Problematik der Überbauung von Verkehrsflächen – also auch Straßenüberbauungen [5] oder Wasserflächenüberbauungen (z.B. die Nahe in Idar-Oberstein) – steht nicht im Mittelpunkt der vorliegenden Untersuchung. Gegenstand der Untersuchung sind vielmehr Flächen,
- deren Besitzer vor der Liberalisierung des Dienstleistungsmarktes bzw. vor ihrer Privatisierung hoheitliche Monopolfunktion ausübten (Bahn und Post),
- deren Freiwerdung in Folge veränderter Logistik- bzw. Verkehrsstrukturen erfolgte,
- die regelhaft in innerstädtischen bzw. innenstadtnahen Lagen anzutreffen sind und
- die als neue Zentrenstandorte in Betracht kommen.

Die **Anlage von Bahnhöfen** in historisch gewachsenen Innenstädten erfolgte im Eisenbahnzeitalter regelhaft möglichst nah an der Innenstadt bzw. im Zentrum, aufgrund bestehender Bebauungen gleichzeitig so weit weg wie nötig. Durchgangs- und Kopfbahnhöfe sind entsprechende Varianten dieser Lagekonstellationen *(vgl. HAGEDORN 1999)*.

Tabelle 1: Typisierungsmöglichkeiten von Bahnhofsüberbauungen			
BEBAUUNGSNIVEAU	ÜBERBAUUNGS-AUSMASS	NUTZUNGSWEISE	VERKEHRSFUNKTION
• ÜBERBAUUNG • UNTERBAUUNG	• RANDÜBERBAUUNG • TEILÜBERBAUUNG • VOLLÜBERBAUUNG	• MONOFUNKTIONALE NUTZUNG • NUTZUNGSMISCHUNG	• AUFGABE DER VERKEHRSFUNKTION • WEITERBESTEHEN DER VERKEHRSFUNKTION

Die dabei anstehenden Nutzungsänderungen bei Bahnflächen – die folgenden Ausführungen konzentrieren sich auf diesen Teilbereich - lassen verschiedene **Realisierungsmöglichkeiten** zu: Überbauungen bzw. Tieferlegungen bei Gleisflächen *(vgl. BMBau 1974)* bieten sich durch das Konzept des sogenannten flächensparenden Bauens an. Dabei sind Neu- bzw. Umnutzungen ebenso möglich wie Nutzungs-

---

[5] *Exemplarisch können Düsseldorf-Bilk oder der Autobahn-Überbaung der Donau-City in Wien (Bereich Kaisermühlen) genannt werden.*

ergänzungen. Die Nullvariante, also keine Nutzungsänderung und eine mögliche innerstädtische Brachfläche, soll im folgenden unberücksichtigt bleiben. Konzepte zur funktionalen Gestaltung des Mikrostandortes können eine monofunktionale Nutzung oder eine Nutzungsmischung unter Ausnutzung verfügbarer bzw. gestaltbarer Synergie- und Agglomerationseffekte vorsehen.

Verschiedene **Effekte** sind **aus planerischer Sicht** zu erwarten: Ein einfacher Flächenverbrauch bei doppelter Flächennutzung läßt sich ebenso realisieren wie der Wegfall der räumlichen Trennung durch Verkehrsachsen. Die Postmodernität von neuen Großgebäuden kann als Imagefaktor für das Stadtbild angesehen werden. Außerdem bietet sich eine Synergiewirkung durch die Aufwertung der traditionellen Innenstadt an, allerdings sind ebenso auch Abschöpfungs- und damit Konkurrenzeffekte möglich.

> „Mit der kommerziellen Vermarktung von Betriebsflächen in überwiegend zentralen Lagen und dem Umbau der Großbahnhöfe zu Malls entstehen in den Metropolen neue exklusive Dienstleistungs- und Konsumarchipele, von denen aus die Hierarchisierung des städtischen Raums weiter vorangetrieben wird." (RONNEBERGER u.a. 1999, S. 94).

7 Problembewußtsein und Leitfragen

Das **Problembewußtsein** für derartige Entwicklungen auf mikro- und mesoräumlicher Maßstabsebene ist in **Deutschland** auf Seiten der Praxis - ganz im Gegensatz zur bislang allenfalls rudimentären wissenschaftlichen Aufarbeitung aus geographischer Perspektive – als ausgesprochen stark ausgeprägt zu bewerten. Die Vielzahl aktueller Beispiele aus der Planungspraxis – beispielhaft zu entnehmen der Berichterstattung auf Immobilienseiten der überregionalen Tagespresse – sind ein quantitativer Indikator dafür. Stadtverwaltungen sehen in den Standorten alter Bahn- und Postflächen die Gelegenheit, die Innenstädte bzw. diese Sonderstandorte im Innenstadtbereich für Besuchergruppen mit unterschiedlichen Zielvorstellungen gegenüber nicht integrierten Standorten aufzuwerten und zu profilieren. Immobilienentwickler bieten derartige Standorte als ‚innerstädtische Filetstücke' potentiellen Kunden und Investoren häufig als Immobilien-Fonds an.

In **Österreich** ist die Problemstellung – auch aufgrund weniger liberalisierter Rahmenbedingungen im Bahn- und Postbereich - noch nicht so deutlich hervorgetreten. Eine Ausnahme stellt gleichwohl die Hauptstadt Wien *(vgl. LICHTENBERGER 1993 u. 1997)* dar, wo erste idealtypische Entwicklungen einen beispielhaften Vergleich ermöglichen.

In beiden Ländern konzentrieren sich die **Folgenutzungskonzepte** in der Regel auf einzelne Standorte (mikroräumliche Perspektive). Das heißt aber auch: Der wesentliche Gesichtspunkt künftiger Strukturen von Innenstädten in ihrer Gesamtheit (mesoräumlicher Ansatz) bleibt oftmals unberücksichtigt *(zum innerstädtischen Ansatz aus stadtgeographischer Perspektive vgl. STAUDACHER 1992, S. 50 f.)* Aus diesem Grunde lassen sich insbesondere die folgenden, miteinander verknüpften Fragen bislang kaum beantworten:

- Wie können die neu zu nutzenden Flächen langfristig erfolgreich in die gewachsenen Innenstädte, d.h. in das ‚traditionelle' Stadtzentrum, bzw. in die städtischen Zentrenstrukturen integriert werden?
- Welche Möglichkeiten und Methoden der ‚Zentren-Machbarkeit' (Zentrierbarkeit) *(vgl. BLOTEVOGEL 1996)* gibt es, d.h. entweder zusätzlich zur vorhandenen, historisch gewachsenen Innenstadt ein neues, zusätzliches Innenstadt-Zentrum entstehen zu lassen oder in der Innenstadt (bzw. im Innenstadtrandbereich) einen ergänzenden, neue hochwertige Angebots- und Nachfragestrukturen induzierenden Standort zu schaffen?
- Wie kann es – im Sinne eines aktionsräumlichen Ansatzes – gelingen, den grundlegenden, zeitabhängig differenzierten (früher – heute) Anforderungen der unterschiedlichen Nutzer- und Akteursgruppen an die Funktionen eines Innenstadt-Zentrums zu entsprechen? *(vgl. BORCHERT 1989, S. 84)*
- Welche Bedeutung hat die verkehrsgeographische Lage und Anbindung des Standortes in der Wechselwirkung unterschiedlicher Verkehrsmittel bzw. -träger und in Abhängigkeit von Erreichbarkeits-Möglichkeiten bzw. Hindernissen?
- Wie stellt sich das Verhältnis dar von endogenen Standortpotentialen von Innenstädten und der Möglichkeit ihrer Substitution bzw. Ergänzung durch neu zu schaffende und damit exogene Potentiale?

Diese Leitfragen integrieren somit **wirtschafts-, stadt-, sozial- und verkehrsgeographische Aspekte und Ziele**:
- Konkretisierung des **„Innenstadt-Zentrum"-Begriffs** im Anforderungsprofil verschiedener Nutzer-, Akteurs- und Planergruppen (Wahrnehmungsansatz),
- Analyse der **Dimension und räumlichen Bedeutung** freiwerdender Innenstadtflächen aus den Nutzungsfeldern Bahn und Post
- **Vergleich verschiedener Projekte** zur Folgenutzung zentrenrelevanter Standorte in Deutschland (z.B. Güterbahnhof Frankfurt/Main, Hauptbahnhof Düsseldorf) und Österreich (Wien), ergänzt um prototypische Entwicklungen in weiteren europäischen und außereuropäischen Großstädten
- **Evaluierung der gesamtstädtischen Verknüpfung** von integrierten und nicht integrierten Standortkonzepten im Sinne des Ansatzes einer nachhaltigen Stadtentwicklung *(vgl. BfLR 1996 und HEINEBERG 1999, S. 110 f.)*
- Einbeziehung **sozial- und wahrnehmungsgeographischer Aspekte** zum Milieu-Umfeld eines Standortes in der Gesamtstadt (sog. Prestige-Zentrum)
- Entwicklung einer **Methodik** – anhand eines Kriterienkataloges – im Sinne einer angewandten Geographie für integrierte innerstädtische Funktionen und damit zur langfristig erfolgreichen ‚**Machbarkeit von Innenstadt-Zentren**' bzw. von innerstädtischen zentralen Funktionen (Zentrierbarkeit), dies unter besonderer Berücksichtigung der verkehrsgeographischen Lagesituation und Anbindung neu geschaffener innerstädtischer Zentren-Standorte

8 Ausgewählte Projekte zur Gleisüberbauung

Nachdem die grundlegenden Zielsetzungen und Realisierungsmöglichkeiten von Überbauungsmaßnahmen erläutert und in einen geographischen Kontext eingebunden wurden, werden im folgenden ausgewählte Beispielsprojekte vorgestellt. Die Bandbreite reicht dabei von realisierten bis hin zu geplanten Projekten, weitere Differenzierungsmöglichkeiten entstehen durch die Stadt- und Projektgröße. Kleineren Überbauungen mit einer monofunktionalen Nutzung beispielsweise als Parkpalette stehen Großprojekte der Stadtentwicklung gegenüber. Neben den eigentlichen Projekten wird versucht, auch die **Bedeutung der jeweiligen Akteure** darzustellen.

Den Haag, Niederlande: Hoog Hage – Überbauung Hauptbahnhof

Den Haag ist nach Amsterdam und Rotterdam und vor Utrecht die drittgrößte Stadt in der sog. Randstad Holland. Die Stadt hat ca. 440.000 Einwohner, in einem Umkreis von zehn Kilometern leben ca. eine Million Menschen. Den Haag ist damit die am dichtesten besiedelte Stadt in den Niederlanden. Die Nähe zum Meer und die Vielzahl der Parks und Grünflächen sind als weiche Standortfaktoren und Attraktivitätsmerkmale anzusehen. **Probleme** ergeben sich durch **fehlende Freiräume** für notwendige Stadtentwicklungsprojekte. Ende der achtziger Jahre kamen staatliche Programme zur finanziellen Förderung von Schlüsselprojekten der Innenstadterneuerung mit Gedanken der Stadtverwaltung zu einer Aufwertung der Den Haager Innenstadt zusammen. Das Megaprojekt ‚**Niew Centrum**' sah in einer Public-Private-Partnership vor, öffentliche (Stadt und Staat) und privatwirtschaftliche Interessen miteinander zu verbinden. Zwischen 1990 und 2000 wurden in die Innenstadt etwa fünf Milliarden Gulden investiert, davon stammen vier Milliarden von privaten Investoren. Herausragend sind mehrere Fly-over-Konstruktionen, die die im Zeichen der sog. autogerechten Stadt in den 1970er Jahren entstandene Stadtautobahn Utrechtsebaan nicht als Totalabdeckung untertunnelten, sondern einzelne Übergänge entstehen ließen, die die optische und physische Trennwirkung vermindern sollten.

Das Nachfolgeprojekt für das 21. Jahrhundert ist das **Hoog-Hage-Projekt**. Mit diesem Vorhaben soll die größte Barriere der Stadt, der Hauptbahnhof mit seinen Gleisanlagen, zu einem neuen, attraktiven Stadtteil umgewandelt werden. Vorgesehen sind eine Vitalisierung der Innenstadt durch eine Förderung innerstädtischer Wirtschaftsbereiche, eine Verbesserung der Erreichbarkeit des Hauptbahnhofs als Verkehrsknotenpunkt und eine Intensivierung der Flächennutzung. Hierzu soll von Mitte 2000 bis etwa 2020 der gesamte Bahnhofsbereich mit einer Fläche von 600.000 m² überbaut werden. Gewerbeflächen und knapp 1.000 Wohneinheiten sollen über dem Hauptbahnhof und in der unmittelbaren Umgebung entstehen. Auch die Erreichtung einer großen innerstädtischen Freizeitfläche auf dem überbauten Areal ist angedacht.

Planungstechnisch stellt die immense Fläche dieses Areal einerseits das größte Hindernis bei der Verwirklichung dieses Projektes dar, andererseits bildet sie aber auch das einzige noch verfügbare innerstädtische Flächenpotential. Aus planungspraktischer Sicht sind bei diesem Projekt mehrere **Erfolgsfaktoren** anzuführen, die durchaus prototypischen Charakter für derartige Planungsprozesse besitzen: Der eklatante Mangel an innerstädtischen Flächen erforderte von Anfang an die Suche nach bautechnologisch innovativen Lösungen. Die staatliche Bau- und Stadtplanungspolitik setzte den Schwerpunkt ihrer Förderungen auf die Zentren großer Städte, in der Anfangsphase waren deshalb Pilotprojekte mit Modellcharakter gefragt. Die Innenstadt wird bewußt nicht als homogener Raum betrachtet, vielmehr soll durch die standortspezifischen Eigenschaften der Teilräume eine – auch architektonische – Akzentuierung erfolgen, so daß innerstädtische Kleinteiligkeit – als Merkmal historisch gewachsener westeuropäischer Innenstädte – erhalten bleibt bzw. weitergeführt wird. Planungspolitisch verfolgen die Stadt Den Haag und der niederländische Staat dabei eine kontinuierliche Leitlinie, welche Planungssicherheit über lange Zeiträume garantiert.

London, Großbritannien: Broadgate-Überbauung der Liverpool Station

Die Agglomeration London mit einer Bevölkerungszahl von etwa 12 Millionen ist durch eine ausgesprochene Diskrepanz zwischen Tag- und Nachtbevölkerung in der Innenstadt (Prozeß der City-Bildung) gekennzeichnet. Die Innenstadtzone ist ringförmig umgeben von **13 Kopfbahnhöfen**, die zum überwiegenden Teil in der Mitte des 19. Jahrhunderts mit ihren damals innovativen und weitspannenden Gußstahlkonstruktionen gebaut wurden. Alle diese Bahnhöfe sind mit dem Netz der U-Bahn verbunden und haben größtenteils ein tägliches Passagieraufkommen von jeweils über einer Million Menschen.

In Groß-London wurden in den letzten Jahrzehnten mehrere große Überbauungsprojekte realisiert. Technologische Neuerungen haben es ermöglicht, die flächenextensive Nutzung der Bahnanlagen zu rationalisieren und im Zuge der Erneuerung in Teilbereichen eine Überbauung der Gleisanlagen entstehen zu lassen. Neben den Beispielen von **Charing Cross** (Überbauung der Gleisanlagen über die gesamte Länge), **Waterloo Station** (eher eine Unterbauung bestehender Gleisanlagen im Rahmen der Eurostar-Verbindung London–Paris/Brüssel) und **Ludgate** (Baulandgewinnung für Bürogebäude durch Absenkung der Gleisanlagen zwischen Fleet Street und St. Paul's Cathedral) kann das **Broadgate-Projekt** als das ehrgeizigste, und international die größte Aufmerksamkeit genießendes Projekt zur Gleisüberbauung in London angesehen werden. Es beinhaltet die (Teil-)Überbauung der Liverpool Station im Osten der City und wurde zwischen 1985 und 1990 fertiggestellt. Neben einer Teilüberbauung des Bahnhofes und der Restaurierung von Teilen des Glasdaches aus viktorianischer Zeit wurden in der größtenteils achtgeschossigen Gleisüberbauung Geschäftsflächen für den Einzelhandel und 20.000 Büroarbeitsplätze geschaffen. Die Grundstücksfläche beträgt insgesamt 117.000 m², darauf sind 492.000 m² Büro- und Einzelhandelsfläche entstanden.

Tabelle 2: Kenndaten zur Gleisüberbauung London Broadgate	
Projektpartner:	British Rail + Privatinvestor
Zeitraum:	1985-2000
Kosten:	1,7 Mrd. DM bzw. 1,9 Mrd. ATS
Überbauungsfläche:	117.000 m²
Büro-/EZH-Fläche:	492.000 m²
Parkplätze:	keine

Für Wirtschaftsunternehmen bedeutet die Lage des Standortes Broadgate erhebliche ökonomische Vorteile, da hier die Anbindung an öffentliche Verkehrsmittel aus den verschiedenen Richtungen optimal ist. Das Projekt wurde zeitgleich mit den Londoner Docklands geplant, hat aber durch die verkehrsgünstige Lage im Nahverkehrsnetz erhebliche Standortvorteile.

Bemerkenswert ist, daß bei der Realisierung von Broadgate – insbesondere auch wegen der bereits genannten ÖPNV-Anbindung – **keine PKW-Stellplätze** geschaffen wurden, da normalerweise auch in Großbritannien die Errichtung von Gewerbeflächen mit der Verpflichtung verbunden ist, neue PKW-Stellplätze zu errichten. Das

Gelände ist nur für Taxis und Feuerwehr befahrbar, der Einzelhandel wird in den Abendstunden nach Ende der Bürozeiten beliefert.

Die Realisierung fand als **Public-Private-Partnership-Projekt** zwischen British Rail und einem Privat-Investor als Bauträger und -unternehmer statt, der das Recht pachtete, über dem Bahnhof zu bauen. Geplant war die Überbauung des Bahnhofes schon seit Mitte der 1960er Jahre, die Suche nach einem geeigneten Kooperationspartner, der ein Projekt in dieser Größenordnung realisieren konnte, gestaltete sich lange Zeit als Haupthindernis. Ein wichtiger, allerdings durchaus auch kritisch zu hinterfragender Einflußfaktor für die zügige Realisierung des Projektes war die Zeit der Thatcher-Regierung: Wirtschaftliche Großprojekte konnten in einer Art politischen Vakuum geplant und gebaut werden, öffentliche Mitbestimmungsprozesse im Planungsverfahren wurden größtenteils ausgeschaltet, der Wille des Projektträgers war ausschlaggebend.

Utrecht, Niederlande: Hoog Catharijne und Utrecht Centrum Project

Utrecht mit knapp 233.000 Einwohnern (1999) die viertgrößte Stadt in der ‚Randstad Holland', dem ringförmigen Ballungsraum im Westen der Niederlande, hat 1975 das Stadterneuerungsprojekt ‚**Hoog Catharijne**' als eines der ältesten Projekte zur Gleisüberbauung initiiert. Im Bahnhofsviertel entstand ein überdachter Komplex mit Geschäften, Büros, einem Gebäude für Handelsmessen, Sporthalle, Hotel, Wohnbauten und Parkhäusern. Angestrebt war eine völlige Trennung von Auto- und Fußgängerverkehr.

Seit 1999 begann die Weiterführung des Projekts als ‚**Utrecht Centrum Project**' mit einem avisierten Abschluß im Jahre 2010. Dabei ist die Erneuerung des Bahnhofsbereichs eingebettet in ein umfangreiches Innenstadt-Programm, das den Ausstellungs- und Freizeitkomplex Jaarbeurs und das Areal der Hoog Catharijne einbezieht und zu einem Standort-Gesamtkomplex entwickeln möchte, der mit dem eigentlichen Innenstadtbereich verknüpft wird. Neben den Um- und Neubauten am Bahnhof sollen vor allem im Bereich Jaarbeurs neue Einrichtungen entstehen: ein Spielcasino, ein Großtheater, ein Multiplex-Kino und ein Hotel, allesamt kaum verwunderliche Standortelemente.

Tabelle 3: Kenndaten zum ‚Utrecht Centrum Project'	
Projektpartner:	Stadtverwaltung Utrecht Niederländische Eisenbahngesellschaft Jaarbeurs Messegesellschaft Winkel Beleggingen Nederland (Hoog Catharijne)
Wohnungen:	1.700 (neu)
Bürofläche:	360.000 m² (zusätzlich)
Einzelhandel:	30.000 m² (zusätzlich)
Parkplätze:	4.200
Fahrradstellplätze:	21.000

In der folgenden Übersicht sollen einige weitere, teilweise sehr bekannte Projekte von Gleisüberbauungen in unterschiedlichem Realisierungs- bzw. Planungsstand und in unterschiedlichen Städtegrößenklassen nur kurz abschließend genannt werden.

Tabelle 4: Ausgewählte Projekte zur Gleisüberbauung

Stadt	Land	Projekt	Planungsstand
Bozen	Italien	Überbauung des Bahnhofareals	Geplant
Budapest	Ungarn	Randüberbauung Westbahnhof	Realisiert
Dortmund	Deutschland	UFO-Projekt Hauptbahnhof	Geplant
Frankfurt/M.	Deutschland	Neubau mit Gleisüberbauung ICE-Flughafen-Fernbahnhof	Realisiert
Lille	Frankreich	Euralille	Realisiert
Montreal	Kanada	Gleisüberbauung Bahnhof Bonaventura	Realisiert
New York	USA	Überbauung der Grand Central Station	Realisiert
Zürich	Schweiz	Eurogate am Hauptbahnhof	Geplant

9 Fallstudie Wien: Franz-Josefs-Bahnhof

Gegenstände der zum Zeitpunkt der Drucklegung dieses Beitrags noch in Ausarbeitung befindlichen Fallstudie sind Projekte der Bahnhofs- und Gleisüberbauung in Wien, insbesondere der Franz-Josefs-Bahnhof, aber auch andere Wiener Projekte in unterschiedlichen Planungsstadien. Die Stadt Wien besitzt im Bereich derartiger Überbauungsmaßnahmen verschiedene **Beispielprojekte** unterschiedlichen Realisierungsstandes.

Tabelle 5: Projekte zur Bahnhofs- und Bahnflächenüberbauung in Wien

Projekt	Realisierungsstand
Franz-Josefs-Bahnhof	Realisiert
Nordbahnhof	Im Bau
Penzing – Verschubbahnhof	Planungsvorstadium
Praterstern	Planungsvorschlag aufgegeben
Rennweg	Im Bau
Westbahnhof	Planungsvorstadium
Wien-Mitte	Baubeginn unmittelbar bevorstehend

Die geplante und realisierte Erschaffung eines neuen, ausgesprochen monofunktionalen **(Bezirks-)Zentrums** im Bereich des **Franz-Josefs-Bahnhofs** steht im Mittelpunkt der Betrachtung, ebenso das Verhältnis zum traditionellen Innenstadtzentrum sowie die Ansprüche an die Zentrengestaltung (Innenstadt – überbauter Bahnhofsstandort) in Abhängigkeit unterschiedlicher Akteursgruppen: Flächeneigner, Planer, Investor, Projektentwickler, Nutzer.

Das **methodisches Vorgehen** ist dabei mehrdimensional ausgerichtet: Einen Kernbereich der Betrachtung bilden die Evaluierung der realisierten und geplanten Projekte zur Gleisüberbauung sowie ihrer Integration in innerstädtische Zentrenkonzepte *(vgl. Magistrat der Stadt Wien 1992).* Hinzu kommen Experteninterviews mit ÖBB, Magistratsverwaltung, Immobiliendienstleistern und Projektentwicklern, die der

Ermittlung von Kriterien zur Generierung neuer Standorte dienen sollen. Eine Kartierung der funktionalen Nutzung im Bereich des Franz-Josefs-Bahnhofs soll eine mikrogeographische Standort- und Umfeldanalyse liefern. Befragungen [6] an den Standorten Wiener Innenstadt und Franz-Josefs-Bahnhof dienen der Konkretisierung des „Innenstadt-Zentrum"-Begriffes im Anforderungsprofil verschiedener Nutzergruppen.

Dem Projekt **Franz-Josefs-Bahnhofs** sind einige **Rahmenbedingungen** voranzustellen: **Wien**, die Hauptstadt Österreichs, hat ca. 1,6 Millionen Einwohner (2000). Durch die Öffnung der Grenzen in die ehemaligen Ostblockländer kam es Anfang der 1990er Jahre zu einer vorübergehenden Bevölkerungszunahme, die – neben weiteren Faktoren in der soziodemographischen Entwicklung – einen zusätzlichen Bedarf an Wohnraum entstehen ließ. Die Bedarfsschätzungen erforderten in der Stadt Wien sowohl beim Büro- als auch bei Wohnungsbau neue Konzepte und Ideen. Dabei gerieten die drei Bahnhöfe, welche sich historisch bedingt am Rande der Innenstadt befinden, in den Blickpunkt der Betrachtungen. Als erstes Projekt wurde bereits in den 1970er Jahren für den kleinsten dieser Bahnhöfe, den Franz-Josefs-Bahnhof, eine Überbauung realisiert.

Der **Franz-Josefs-Bahnhof** befindet sich unmittelbar in der Nähe der Innenstadt (1. Bezirk), in einer sog. Innenstadtrandlage, im 9. Wiener Gemeindebezirk, in ca. 1,5 Kilometer Luftlinienentfernung nördlich vom Stephansplatz. Der Bahnhof erfüllt die Funktion eines Einpendlerbahnhofes (Nahverkehr aus/nach nördlichen Richtungen) und eines Postbahnhofes.

Gründe für die Überbauung des Franz-Josefs-Bahnhofes waren:

- Die **Größe des Bahnhofes**: Es ist der kleinste der drei Innenstadt(rand)bahnhöfe, somit ließ sich eine Überbauung konstruktiv bedingt relativ einfach realisieren, auch gedacht als Modellfall für zukünftige Überbauungsprojekte.

- Der Franz-Josefs-Bahnhof liegt im Vergleich zu den anderen Wiener Bahnhöfen relativ **am nächsten zur Wiener Innenstadt** und stellte somit eine wertvolle Baulandreserve für die Stadt dar.

- Es bestand ein erheblicher **Flächenbedarf für das Rechenzentrum der Creditanstalt (CA)**, einer der großen Banken Österreichs, sowie für die stark gewachsene Wirtschaftsuniversität. Für beide Einrichtungen lagen die bestehenden Gebäude in unmittelbarer Nähe zum Bahnhof, Erweiterungen sollten nicht zu weit von den bestehenden Standorten entfernt sein, weshalb Standorte in der Peripherie Wiens abgelehnt wurden.

Die ersten Ideen für eine Überbauung entstanden bereits in den 1970er Jahren an der ehemaligen Hochschule für Welthandel (jetzt Wirtschaftsuniversität). Die konkreten Planungen begannen 1974, Baubeginn war 1976, die **Fertigstellung** einschließlich einer umfangreichen Neuordnung des Straßenverkehrs, erfolgte im Jahr **1993**. Die bauliche Realisierung erfolgte in verschiedenen Phasen: Die erste Phase sah die Errichtung eines Bürogebäudes für das Technische Zentrum der Creditan-

---

[6] *Die Realisierung der empirischen Erhebungen erfolgt in einem Projektseminar „Wirtschaftsgeographie" unter Beteiligung von 13 Studierenden des Faches Wirtschaftsgeographie in der Abteilung Angewandte Regional- und Wirtschaftsgeographie der Wirtschaftsuniversität Wien im Sommersemester 2000. Zum Zeitpunkt der Abfassung dieses Beitrags war die Datenauswertung noch im Gange. Eine Veröffentlichung der Untersuchungsergebnisse wird zu einem späteren Zeitpunkt erfolgen.*

stalt vor, anschließend wurden die Gebäude der Wirtschaftsuniversität errichtet. In einer dritten Bauphase wurden Institute der Universität Wien sowie verschiedene Verwaltungsgebäude erstellt. Heute befinden sich neben dem **Rechenzentrum der Creditanstalt** und der **Wirtschaftsuniversität** noch das **Biologie-Zentrum**, die **Pharma-zeutischen und Geowissenschaftlichen Institute der Universität Wien**, die Bundespolizeidirektion (Verkehrsamt) und **Postdirektion von Wien** über dem Bahnhof.

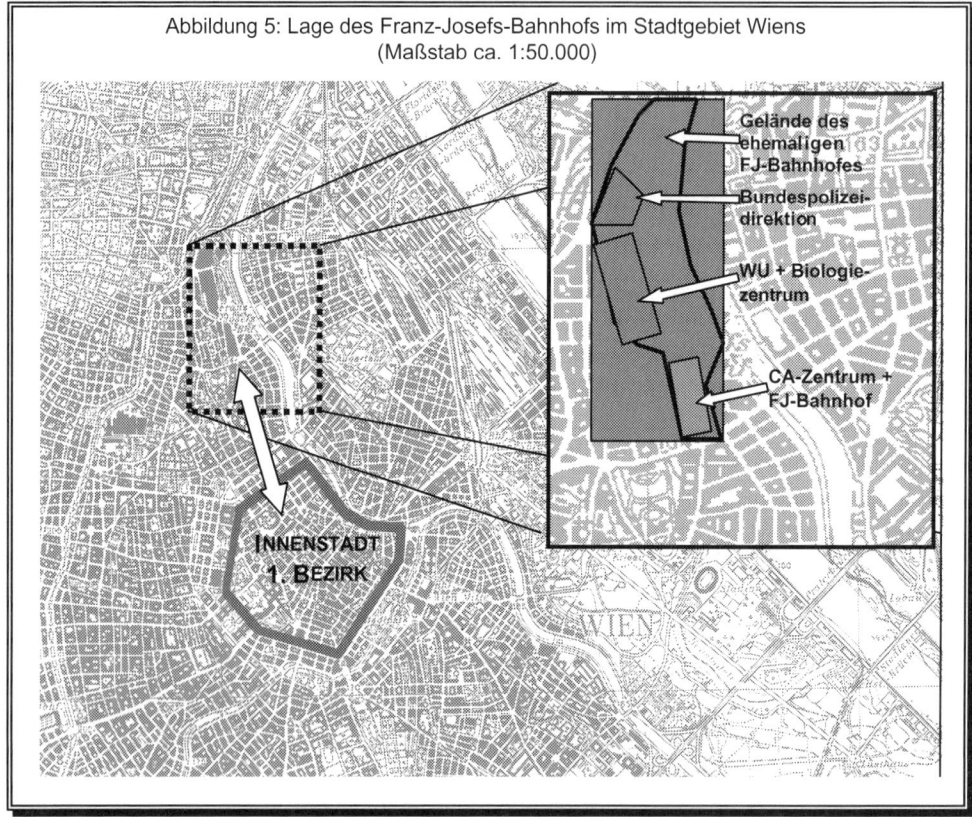

Abbildung 5: Lage des Franz-Josefs-Bahnhofs im Stadtgebiet Wiens (Maßstab ca. 1:50.000)

Zur Realisierung des Projektes waren umfangreiche **baurechtliche Novellierungen** erforderlich, da u.a. eine funktional differenzierte Flächenwidmung in mehreren Ebenen gemäß der Baunutzungsverordnung erst ermöglicht und eine Hochhausverordnung angepaßt werden mußten *(vgl. FISCHER 1998, S. 26 f.).* Die **technische Ausführung** der Überbauung erforderte besondere – kostensteigernde – Maßnahmen: Der geologische Untergrund des Franz-Josefs-Bahnhofs besteht aus holozänem Schwemmaterial der Donau, welches eine aufwendige Pfahlgründierung erforderlich machte.

Die **Finanzierung** erfolgte nicht in Form eines Public-Private-Partnerships, da die Stadt Wien befürchtete, die Kosten für eine Überbauung rechneten sich nicht für private Investoren: Grundstückspreise in vergleichbarer Lage hätten bei 8.000 – 10.000 Schilling gelegen, hier wären 20.000 – 25.000 Schilling anzusetzen gewesen. Die Finanzierung durch die öffentliche Hand errechnete sich spätere Rückflüsse (Umwegrendite) durch Steuereinnahmen der in diesem Bereich wirtschaftenden Personen aus. Außerdem sollte eine solche Überbauung im Umfeld Investoren anlocken, was im Falle des Franz-Josefs-Bahnhof auch der Fall war.

Tabelle 6: Kenndaten zur Überbauung des Franz-Josefs-Bahnhofs	
Projektpartner:	Stadt Wien ÖBB Bankenkonsortium Kuratorium zur Förderung der WU Wien
Überbauungsfläche:	170.000 m²
Bruttogeschoßfläche:	480.000 m² (über der Platte)
Planungsbeginn:	1974
Bauzeit:	1976-1993
Kosten:	1,6 Mrd. DM bzw. 11,2 Mrd. ATS

Zusätzlich spielten für die Stadt Wien und ihr finanzielles Engagement in diesem Projekt auch **städtebaulich-stadtplanerische Aspekte** eine wichtige Rolle: Das Bahnhofsumfeld sollte aufgewertet, das bestehende Bezirkszentrum (Subzentrum) sollte funktional gestärkt, der teilweise überlastete Straßenverkehr in diesem Areal neugeordnet werden

10 Ausblick

Im Gegensatz zu zahlreichen Untersuchungen über die Umnutzung ehemaliger Industrie-, Gewerbe- und Militärflächen gibt es bezüglich aufgegebener, umgenutzter oder nutzungsmäßig ergänzter Bahnflächen ausgesprochen wenig Untersuchungen *(vgl. SCHELTE 1999, S. 46)*. Trotzdem stellen derartige Flächenpotentiale sowohl aus unternehmerischer Perspektive der Bahngesellschaften mit der Möglichkeiten des Gewinnertrags aus einer Veräußerung und/oder Verpachtung dieser Liegenschaften (insbesondere nach Privatisierungsansätzen im Rahmen der Bahnreform mit der Maßgabe, betriebswirtschaftlich gewinnorientiert zu agieren) als auch aus stadtentwicklungspolitischer Perspektive eine neue Herausforderung dar.

Verschiedene **Möglichkeiten der Nutzung von Gleisflächen** bieten sich an: Aufgelassene Bahnflächen können im Sinne einer Nutzungssubstituierung einer völlig neuen Nutzung zugeführt werden, ebenso können im Rahmen einer Nutzungsdifferenzierung auf verschiedenen Ebenen durch Gleisüberbauungen sowohl den Verkehrs- und Betriebsbedürfnissen der Bahngesellschaften als auch anderen Interessensgruppen Rechnung getragen werden. Aus geographischer Perspektive ist dabei vor allem die Art der möglichen Nutzungen an solchen Standorten, ihre räumliche Einbindung und die verkehrlich-infrastrukturelle Integration von besonderem Interesse. Herzuleiten ist eine systemtheoretische Analyse der Bedingungen und Einflußfaktoren, die zum Erfolg neuartiger Standortformationen führen.

Die **Fallstudie des Wiener Franz-Josefs-Bahnhofs** zeigte die Möglichkeit einer Standort-Zentrierung höchstrangiger Funktionen aus dem tertiären bzw. quartären Sektor. Es zeigt sich gleichzeitig eine zweigeteilte Standortnutzung: während im südlichen Bereich im unmittelbaren Umfeld des Franz-Josefs-Bahnhofs eine ausgesprochen gemischte Nutzung mit Einzelhandels- und Personenbahnhofsfunktionen vorherrrscht, eingebettet in ein bereits bestehendes Bezirks-/Subzentrum, ist im nördlichen Bereich mit der Wirtschaftsuniversität, Instituten der Universität Wien und dem

Verkehrsamt eine ausgesprochen monofunktionale, hochwertige Dienstleistungsnutzung vorherrschend, die kaum als Konkurrenz zur bestehenden Innenstadt-Funktion anzusehen ist.

Der „**Machbarkeit**" dieses Gesamtstandortkomplexes durch eine Gleisüberbauung kamen mehrere Faktoren entgegen: Eine Universität – mit staatlichen Gewährsträgern und einer zentralen Planbarkeitsmöglichkeit – bietet als Hochfrequenzeinrichtung einen Standortimpuls von kaum zu überbietender Größenordnung, der Bahnhof selbst war schon als Verkehrsstandort (mit entsprechender Passantenfrequenz) vorhanden und eine gemischte Geschäftsstruktur in einem Subzentrum (Bezirkszentrum) mit verdichteter Wohnbebauung lag vor. Es zeigt sich somit, daß die großflächige, ausgesprochen monofunktionale Ausrichtung des Überbauungsstandortes eingebettet in ein bereits gewachsenes Stadtviertel in diesem Fall zum Erfolg der Steuerbarkeit eines Standortes geführt hat, was gleichzeitig die Übertragbarkeit derartiger Projekte relativiert und eine Zentrierung von Funktionen mit dem Ziel einer funktionalen Aufwertung an neuen Standorten – gerade im Innenstadt bzw. Innenstadtrandbereich - keinesfalls pauschal möglich erscheinen läßt.

Ausgewählte Literatur

Blotevogel, H. H. (1996): Zentrale Orte: Zur Karriere und Krise eines Konzeptes. in Geographie und Raumplanung. – In: Erdkunde, 50. Jg., H. 1, S. 9-25.

Borchert, Johan G. (1989): Citymarketing – eine neue Domäne der Angewandten Geographie. – In: R. Heyer u. M. Hommel (Hrsg.): Stadt und Kulturraum. Paderborn. (= Bochumer Geographische Arbeiten 50) S. 79-87.

BfLR - Bundesforschungsanstalt für Landeskunde und Raumordnung (Hrsg.) (1996): Nachhaltige Stadtentwicklung. Herausforderungen an einen ressourcenschonenden und umweltverträglichen Städtebau. Bonn.

BMBau - Bundesministerium für Raumordnung, Bauwesen und Städtebau (Hrsg.) (1974): Überbauung von Gleisanlagen. Bonn. (= Städtebauliche Forschung 03.017)

DSSW – Deutsches Seminar für Städtebau und Wirtschaft (Hrsg.) (1995): Wirtschaftsstandort Innenstadt und ‚Grüne Wiese' – deutsche und europäische Erfahrungen. Bonn. (= DSSW-Schriften 16)

Dass. (1997): Bahnhöfe – Eintrittstor zur Stadt. Bonn. (DSSW-Schriften 23)

Datzer, R. u.a. (1999): Musicals und urbane Entertainmentkonzepte. Markt, Erfolg und Zukunft multifunktionaler Freizeit- und Erlebniskomplexe. Bergisch Gladbach. (= Bensberger Protokolle 90)

Falk, B. (Hrsg.): Gewerbe-Immobilien. Landsberg/Lech. 61994.

Fischer, C. (1998): Überlagerungen von Verkehrsflächen. Innovatives flächensparendes Bauen im Gewerbe-, Verwaltungs- und Freizeitbereich. Hrsg. v. Forschungsinstitut der Friedrich-Ebert-Stiftung Bonn. (= Wirtschaftspolitische Diskurse 109)

Hagedorn, T. (1999): Der Bahnhof in der Großstadt. Ein Leitfaden zur Entwicklung des Standortes. Wien. (Unveröffentlichte Diplomarbeit an der TU Wien)

Harris, C. D. u. E. D. Ullmann (1945): The Nature of Cities. – In: Annals of the American Academy of Political and Social Science, Bd. 242, S. 7-17.

Hlaweniczka, K. (1973): Hochschule für Welthandel. Wirtschaftsuniversität Wien. Wien.

Hlaweniczka-Architekturbüro (Hrsg.) (o.J.): UZA. Festschrift zur Eröffnung der Wirtschaftsuniversität Wien.

Heineberg, H. (1999): Leitbilder der Stadtentwicklung und Lebensqualität. – In: E. Helmstädter u. r.-E. Mohrmann (Hrsg.): Lebensraum Stadt. Münster. (= Worte – Werke - Utopien 10) S. 95-125.

Helbrecht, I. (1996): Die Wiederkehr der Innenstädte. Zur Rolle von Kultur, Kapital und Konsum in der Gentrification. – In: Geographische Zeitschrift, 84. Jg., H. 1, S. 1-15.

Holz, I.-H. (1994): Stadtentwicklungs- und Standorttheorien unter Einbeziehung des Immobilienmarktes. Mannheim. (= Mannheimer Geographische Arbeiten 36)

Juchelka, R. (1997): Die Aachener Innenstadt: Besucherstruktur, Reichweiteuntersuchungen und Einfluß verkehrslenkender Maßnahmen. Aachen. (= Aachener Geographische Arbeiten 33)
Ders. (2000): Der Musical-Markt in Deutschland. Standortkonzepte und Entwicklungsperspektiven. – In: Geographische Rundschau, 52. Jg., H. 2, S. 34-40.
Junker, R. (1997): Zwischen Leitbild und Realität: Sieben Thesen zur Entwicklung der Innenstädte in den alten Ländern. – In: Der Städtetag, 50. Jg., H. 1, S. 8-14.
Kotler, P. u.a.: Standort-Marketing. Düsseldorf 1994.
Krau, I. u. A. Romero (1998): Bahnhöfe als Einkaufs- und Dienstleistungszentren. – In: Informationen zur Raumentwicklung, H. 2/3, S. 115-121.
Kulke, E. (1998): Einzelhandel und Versorgung. – In: Ders. (Hrsg.): Wirtschaftsgeographie Deutschlands. Gotha. S. 162-182.
Lichtenberger, E. (1993): Wien-Prag. Metropolenforschung. Wien.
Dies. (1995): Die Zukunft der europäischen Stadt in West und Ost. – In: D. Barsch u. H. Karrasch (Hrsg.): Tagungsbericht und wissenschaftliche Abhandlungen. 49. Deutscher Geographentag Bochum. Bd. 4. Europa im Umbruch. Stutgart. S. 206-217.
Dies. (1997): Österreich. Darmstadt 1997. (= Wissenschaftliche Länderkunden)
Dies. (1998): Stadtgeographie. Band 1: Begriffe, Konzepte, Modelle, Prozesse. Stuttgart. (= Teubner Studienbücher Geographie)
Magistrat der Stadt Wien (Hrsg.) (1992): Zentrenentwicklung in Wien. Ausgangslage – Trends – Entwicklungschancen. Wien. (= Beiträge zur Stadtforschung, Stadtentwicklung und Stadtgestaltung 39)
Marcuse, P. (1989): Dual City: A Muddy Metaphor for a Quartered City. – In: International Journal of Urban and Regional Research, 13. Jg., S. 697-708.
Maurer, J. (2000): Mobilität ohne Grenzen? Vision: Abschied vom globalen Stau. Frankfurt. (= Visionen für das 21. Jahrhundert 10)
Post- und Telegraphendirektion für Wien, NÖ und Borgenland (Hrsg.) (1988): Neubau der Post- und Telegraphendirektion für Wien, Niederösterreich und Burgenland. Wien.
Röck, S. (1998): Freizeitgroßeinrichtungen im Zentrum der Stadt – Potential und Gefahr. – In: Informationen zur Raumentwicklung, H. 2/3, S. 123-132.
Ronneberger, K. u.a. (1999): Die Stadt als Beute. Bonn.
Schelte, J. (1999): Räumlich-struktureller Wandel in Innenstädten. Moderne Entwicklungsansätze für ehemalige Gewerbe- und Verkehrsflächen. Dortmund. (= Dortmunder Beiträge zur Raumplanung 97)
Sieverts, T. (1998): Zwischenstadt – zwischen Ort und Welt, Raum und Zeit, Stadt und Land. 2. Auflage. Braunschweig. (= Bauwelt Fundamente 118)
Staudacher, C. (1992): Wirtschaftsdienste. Zur räumlichen Organisation der intermediären Dienstleistungsproduktion und ihrer Bedeutung im Zentren-Region-System Österreichs. Wien. (= Wiener Geographische Schriften 62/63)
Strehl, C. (1999): Recycling von Innenstadtbereichen – Der Fall Bahnhof St. Gallen-Nordwest. – In: E. Renner (Hrsg.): Stadtmarketing und Reurbanisation. St. Gallen. (= FWR-Publikationen 33/1999) S. 61-138.
Wärneryd, O. (1994): Urban Destinies – what are the trends? – In: G. O. Braun (Hrsg.): Managing and Marketing or Urban Development and Urban Life. Berlin. S. 631-641.

WIEN ALS MUSICAL-STADT

Erklärungsansätze zur Genese und Bedeutung eines Standortes

Vienna as a City of Musicals
An attempt to explain the making of a centre of musicals and its importance

Rudolf JUCHELKA (Aachen/Wien)

Kurzfassung

Musicals sind ein Element der postmodernen Freizeitlandschaft. Die wissenschaftliche Aufarbeitung der Thematik findet überwiegend aus betriebswirtschaftlicher Perspektive Schacht, die räumlichen Implikationen und Folgewirkungen werden kaum beachtet, gleichwohl sind derartige Aspekte in vielfältigen und teilweise sehr komplexen Beziehungsmustern wirksam. Die Entwicklung und Standortbedeutung der Stadt Wien als Musicalstandort steht im Mittelpunkt des vorliegenden Beitrags. Ein Schwerpunkt der Betrachtung bildet die Analyse der spezifischen Erfolgsfaktoren, die für die Etablierung der österreichischen Hauptstadt als „Musicalmetropole" verantwortlich gemacht werden können. Zusätzlich wird anhand ausgewählter soziodemographischer Kenndaten die Besucherstruktur der Wiener Musicals analysiert.

Abstract

Musicals form a key element of the post-modern leisure society. Until now analysis on the topic has focussed on economic relationships. The relevant spatial implications and effects are hardly heeded. Nevertheless there are diverse and complex interactions. The paper deals with the development and importance of Vienna as a location for musical performances. A main focus is an analysis of the specific success factors which have led to the creation of the Austrian capital as a „musical-metropolis". Additionally, the structure of visitors to musical performances in Vienna is analysed on the basis of selected socio-demographic data.

Die Stadt **Wien** kann neben dem New Yorker Broadway und dem Londoner Westend als Innovationsstandort in der modernen Musical-Entwicklung, plakativ formuliert sogar als **Musical-Metropole**, angesehen werden. Vor allem die Etablierung und Standortentwicklung dieses Unterhaltungsgenres in Deutschland *(vgl. JUCHELKA 2000)* kann nicht ohne die österreichischen Impulse und Vorläufer aus Wien gesehen werden. Auch die Erfolgsbilanz zur Entwicklung als Musical-Standort im Vergleich zwischen Deutschland und Österreich fällt eindeutig aus: „Was in Österreich nach vielen, teilweise mißglückten Versuchen funktionierte, sollte jedoch im Deutschland der 90er Jahre in die Hosen gehen." *(SONDERHOFF 1998, S. 107)* Insofern greift die Analyse von SCHÄFER *(1998)* viel zu kurz, die zwar einen Schwerpunkt auf die Marketingstrategien und Erfolgsfaktoren für Musicals in Deutschland setzt, dabei aber nahezu völlig die prägenden Wiener Entwicklungen und Einflüsse ausläßt.

Zuzustimmen ist Schäfer allerdings bei seiner Feststellung einer fehlenden wissenschaftlichen Aufarbeitung dieser Thematik (abgesehen von der musikwissenschaftlichen Analyse aus künstlerischer Perspektive und kulturkritischen Essay-Beiträgen). So steht die Stadt **Wien als Musicalstandort** im Mittelpunkt des vorliegenden Beitrags, der die Entwicklung dieses Standortes, seine Erfolgsfaktoren und zukünftige Möglichkeiten in diesem Genre der sogenannten U-Musik darstellen möchte [1].

1 Musicaltheater in Wien

Die Stadt **Wien** besitzt beim **traditionellen Sprech- und Singtheater** im deutschsprachigen wie auch internationalen Vergleich eine lange und herausragende Position und Tradition, was eine wichtige strategische Ausgangsposition für die Musical-Entwicklung und Etablierung dieses Genres bedeutet: Über 60 Bühnen des Musik- und Sprechtheaters – mit signifikanter Zentrumsaffinität in ihrer Standortverteilung *(vgl. Abb. 1)* - bieten verschiedene Aufführungen an, im internationalen Bekanntheitsgrad ragen das Burgtheater, das Theater in der Josefstadt und die Staatsoper mit den Wiener Philarmonikern dabei besonders heraus.

Im wesentlich jüngeren **Musical-Bereich** sind besonders drei Theater anzuführen:
- Theater an der Wien
- Raimund Theater
- Etablissement Ronacher.

1987 wurden die drei genannten Theater zur neuen Organisationseinheit der **Vereinigten Bühnen Wien** zusammengefügt, mit dem Ziel unter Ausnutzung von Synergieeffekten in den Bereich Spielstättennutzung, Marketing, Produktion und Orchester den Musicalbetrieb zu optimieren. Die Vereinigten Bühnen Wien beschäftigen im Jahr 2000 knapp 600 Mitarbeiter (Stand: Mitte 2000), davon ein Drittel im künstlerischen Bereich. Diese drei städtischen Wiener Theater haben bereits **seit 1966 mit 33 Musicalproduktionen** ihre Kompetenz auf diesem Gebiet beweisen. Dabei wurden Erfolgsproduktionen vom Broadway und aus dem Londoner Westend, beispielsweise „Cabaret" und „Evita", erstmals (!) auf dem europäischen Kontinent präsentiert und eigene Stücke als Welturaufführungen wie „Freudiana", „Elisabeth", „Tanz der Vampire" oder „Mozart" entwickelt.

> „Im Theater an der Wien begann Intendant Rolf Kutschera eine enge Zusammenarbeit mit dem gerade zu Erfolg gekommenen Andrew Lloyd Webber. Im Januar 1981 präsentierte er die deutsche Fassung von ‚Evita' mit den Texten von Michael Kunze. Im Dezember 1981 ließ er die österreichische Erstauf-

---

[1] *Aus nachvollziehbaren Gründen wird im folgenden Beitrag keinerlei musikwissenschaftliche bzw. künstlerische Analyse und Bewertung der Musicalproduktionen vorgenommen. Gleichwohl ist natürlich selbstverständlich, daß die künstlerische Qualität einer Produktion im Zusammenspiel von Thema, Musik, Choreographie und Inszenierung von herausragender, wissenschaftlich – gerade aus geographischer Perspektive - aber schwer bzw. kaum zugänglicher Bedeutung ist.*

führung von ‚Jesus Christ Superstar' folgen. Da beide Werke weltweit im Gespräch waren, fanden sie auch im deutschsprachigen Raum Beachtung."
(BARTOSCH 1997, S. 467).

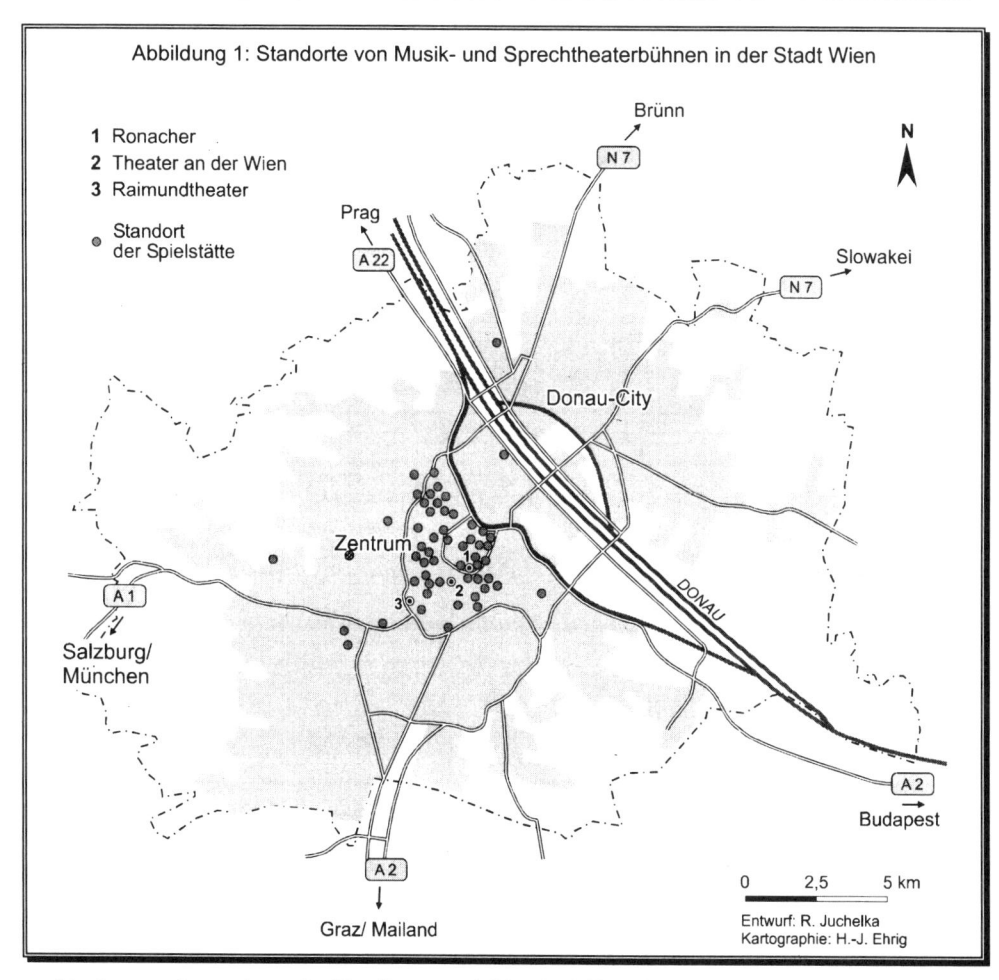

Abbildung 1: Standorte von Musik- und Sprechtheaterbühnen in der Stadt Wien

1 Ronacher
2 Theater an der Wien
3 Raimundtheater

● Standort der Spielstätte

Entwurf: R. Juchelka
Kartographie: H.-J. Ehrig

Als **besonderer Impuls** für die ‚neue' Musical-Entwicklung in Wien muß das Jahr **1983** mit der **Inszenierung von „Cats"** angesehen werden. Mit diesem Stück begann in Wien eine völlig neue Form der Theater-Produktion: Waren bis dahin die Stücke mit den bestehenden Ensembles und wenigen rollenbedingten Gästen in Form eines Repertoire-Theaters inszeniert worden, so wurde von 1983 an das jeweils zu bespielende ganze Theaterhaus auf die speziellen Bedingungen mit langer Laufzeit eingerichtet. Gleichwohl sollte weiterhin möglich sein, daß die Spielstätten als sogenannten Event-Locations an aufführungsfreien Tagen für Galas, Konzerte, Gastspiele, Incentive-Veranstaltungen und Kongresse (mit dem Ziel einer zusätzlichen Einnahmemöglichkeit und ganzjährigen Erhöhung der Auslastung) vermietet werden. Eng ursächlich verknüpft mit der boomenden Entwicklung ist die Rolle des früheren Intendanten **Peter Weck** (Intendanz 1983-1992), der **als Initiator** die Entwicklung Wiens zur Musical-Metropole begründete und wesentliche Erfolgskriterien postuliert: „Musical bedarf der Professionalität, der Universalbegabung und einer funktionierenden Theaterorganisation." *(WECK 1998, S. 6).* Der Wechsel zur derzeitigen Intendanz von Rudi Klausnitzer im Jahre 1993 brachte eine verstärkte programmatische Ausrichtung auf Eigenproduktionen und Welturaufführungen, zum Beispiel „Tanz der Vampire", „Mozart".

2 Entwicklung und Bedeutung der Aufführungsstätten

Im folgenden werden die drei Wiener Musical-Spielstätten bewußt ausführlich porträtiert, insbesondere vor dem Hintergrund daraus anschließend abzuleitender Erfolgsfaktoren für die Profilierung des Musicalstandorts Wien.

- **Theater an der Wien**

Das Theater wurde **1801** gegründet, **1805 Beethovens „Fidelio" uraufgeführt**. Schauspiel und Operetten standen im Mittelpunkt des Repertoires. Nach dem Zweiten Weltkrieg wurde das Theater an der Wien für zehn Jahre Spielstätte der Wiener Staatsoper. Nach dem Wiederaufbau der Staatsoper wurde das Haus von der Stadt Wien übernommen und generalrenoviert. Es diente vornehmlich dem Theater der Jugend, „Die lustige Witwe" wurde in den Spielplan aufgenommen und immer häufiger wurden Musicals gespielt, wie „Anatevka", „Evita" oder „Jesus Christ Superstar". Unter der Direktion von Peter Weck kam 1983 „Cats" heraus (drei Jahre vor dem Beginn der ‚Katzen-Ära' in Hamburg!) und wurde bis 1988 im Theater an der Wien gespielt. Die Einbindung zweier weiterer Theater im Jahr 1987 in die Vereinigten Bühnen Wien erlaubte dann, „Cats" ins Etablissement Ronacher zu transferieren und im Haus am Naschmarkt mit dem „Phantom der Oper" das Repertoire der neuen Musicalmetropole (wie mit „Les Miserables" im Raimund-Theater) erfolgreich zu ergänzen.

Tabelle 1: Kenndaten Theater an der Wien
(Quelle: Vereinigten Bühnen Wien)

- Eröffnung: 1801/1805
- 1100 Plätze
- Ganzjahresspielzeit
- Spielzeit Oktober – April mit wöchentlich 7-8 Vorstellungen, mittwochs spielfrei
- April – August: Gastspiele, Eigenproduktionen, Festspielhaus der Wiener Festwochen
- eigener Studiotrakt mit Ballettsälen, Akrobatik- und Trainingsräumen
- Bühne: Portalbreite 11,40 m, max. Höhe 8 m, Bühnenraumtiefe 22 m + 9 m Hinterbühne, Drehzylinderbühne
- Orchestergraben: max. 90 Musiker

Bei der **Bewertung der Wiener Erfolge** ist darauf hinzuweisen, daß es ohne die Produktion der großen international schon aus New York und aus London bekannten Erfolgsmusicals niemals möglich gewesen wäre, Eigenproduktionen zu entwickeln. „Cats" erreichte in einer Laufzeit von sieben Jahren 2,2 Millionen Besucher, das „Phantom der Oper" wurde fünf Jahre gespielt und von über 1,4 Millionen Menschen gesehen. 1990 inszenierte Peter Weck im Theater an der Wien die Welturaufführung von „Freudiana", im September 1992 war die Weltpremiere von „Elisabeth", das bis April 1998 gespielt wurde und hinsichtlich Spielzeit und Besucherzahl als das bisher erfolgreichste deutschsprachige Musical angesehen werden muß. Nach der „Chicago"-Produktion 1998/99 wird seit Oktober 1999 das Musical „Mozart" geboten.

- **Raimund Theater**

Das ‚Mariahilfer Burgtheater', wie die Wiener das Raimund Theater nannten, wurde **1893** als Mittelstandsbühne in der sog. Vorstadt **eröffnet**. Das Programm sollte als Gegenprogramm zur Operettendekadenz der Großbürgerbühnen im Zentrum, vor allem deutsche klassische Volksstücke und Gegenwartsdramen bieten. Bis 1908 blieb das Raimund Theater Sprechbühne, erst dann wurde die Johann Strauss Operette „Zigeunerbaron" aufgeführt. Die eigentliche Glanzzeit der Operette am Raimund Theater begann aber erst Ende der 1940er Jahre und dauerte bis 1976 an. Da keine Kriegszerstörungen vorlagen, konnte das Theater sofort nach dem Zweiten Weltkrieg wieder bespielt werden. 1948 begann die Zeit des Raimund-Theaters als einzige deutschsprachige, nur auf Operetten spezialisierte Bühne. Musicals wurden erst ab 1976 sporadisch gespielt.

Die **Wiedereröffnung** des umgebauten und technisch mit einer Drehbühne auf neuesten Stand gebrachten Raimund Theaters erfolgte **1985**. Von nun an gewann neben der weiter gepflegten Operetten-Tradition des Hauses auch das Musical immer mehr Raum im Spielplan. 1987 wurde das Haus der Direktion des Theaters an der Wien unterstellt, und in der Folge fusionierte die "Raimund Theater-Betriebsgesellschaft" mit der "Vereinigte Bühnen Wien GesmbH". Die erste Premiere unter der Intendanz von Peter Weck war das Musical „A Chorus Line", es folgten 1988 „Les Misérables" und 1990 die Übernahme vom „Phantom der Oper" aus dem Theater an der Wien. Daran schlossen sich der „Kuss der Spinnenfrau", „Grease" und „Die Schöne und das Biest" an. Ab Herbst 1997 lief die Welt-Uraufführung des Polanski-Film-Hits „Tanz der Vampire" als Musical. Nach fast 700 Vorstellungen und einer dreiviertel Million Besucher verließ diese Produktion im Januar 2000 Wien in Richtung Stuttgart, wo es im Stella-Erlebnis-Center „Miss Saigon" abgelöst hat. Seit März 2000 wird das Tanzmusical "Joseph" im Raimund Theater aufgeführt.

Tabelle 2: Kenndaten Raimund Theater
(Quelle: Vereinigten Bühnen Wien)

- Eröffnung: 1893
- 1.180 Plätze
- Spielzeit: September – Juni mit 7 bis 8 Vorstellungen pro Woche, montags spielfrei
- Bühne: Portalbreite 13 m, max. Höhe 9 m, Bühnenraumtiefe 23 m; Drehzylinderbühne
- Orchestergraben: max. 70 Musiker

- **Etablissement Ronacher**

An der Seilerstätte wurde im Jahre **1871** von Ferdinand Fellner das "Wiener Stadttheater" als Konkurrenz zum k.u.k. Hof-Burgtheater erbaut. Nach einem Brand 1884 wurde die Ruine von Anton Ronacher, der den Auftrag gab, aus dem Gebäude ein Varietétheater mit Bewirtung und angeschlossenem Hotel zu machen – für die damalige Zeit eine höchst moderne Form eines Freizeitzentrums. 1886 wurde das sog. Etablissement Ronacher eröffnet. Auf Bühnentechnik war hinsichtlich der künftigen Nutzung verzichtet worden, das Parkett und die Ranglogen waren mit Tischen ausgestattet, an denen während der Darbietungen getafelt und geraucht werden konnte. Promenaden, ein Ballsaal und ein Wintergarten ergänzten das Angebot. Nachdem der große Erfolg beim Publikum ausgeblieben war, mischte man das Varieté-Programm mit Revuen und Operettengastspielen sowie mit Auftritten von Tanz-

und Gesangssolisten. Die Zeit des Varietés ging allmählich vorbei und nach dem Zweiten Weltkrieg diente das Haus zehn Jahre als Ersatz für das Burgtheater, anschließend gab es nochmal eine kurze Phase mit Varieté-Programm. 1960 wurde das Ronacher geschlossen und seine größte Konkurrenz, das Fernsehen, übernahm das Haus als Studio- und Bühnenraum für ORF-Produktionen (bis 1976).

Erst **1986** – nach zehn Jahren Leerstand - wurde eine **Reaktivierung** versucht, ein Jahr später wurde das Haus zum Zwecke der Revitalisierung in die Organisationseinheit der Vereinigten Bühnen Wien übernommen und von 1988 bis 1990 als Spielstätte für „Cats" und Opernuraufführungen genutzt. **1993** wurde das "Ronacher" nach einer ‚sanften Renovierung' im September **wiedereröffnet**, seit September 1997 wird es von den Vereinigten Bühnen Wien vermietet. 1999 wurde für einige Monate wegen der Generalrenovierung des Theaters an der Wien „Chicago" ins Ronacher übernommen, und Anfang 2000 kam als Koproduktion das Musical „Falco" zur Uraufführung.

Tabelle 3: Kenndaten Etablissement Ronacher
(Quelle: Vereinigten Bühnen Wien)

- Eröffnung: 1871
- 1.160 Plätze
- Bühne: Portalbreite 14 m, maximale Höhe 9 m, Bühnenraumtiefe 20 m; keine Dreh- und Wagenbühne, keine Hubpodien
- Orchestergraben: max. 35 Musiker

Bereits hier können erste **Einfluß- und Erklärungsfaktoren zur Entwicklung von Wien als Musicalstandort** verdeutlicht werden:
⇨ Eine **historisch gewachsene Musiktheater-Tradition** sowohl im Produktions- als auch im Konsumenten-/Besucherbereich, vor allem auch eine Kompetenz im Operettensegment, das vielfach als Vorläufer des heutigen Musicals angesehen wird.
⇨ Die **Verfügbarkeit historischer, traditioneller Theater-Gebäude als Spielstätten**, ohne daß kostspielige Theaterneubauten erforderlich waren.
⇨ Eine **Variation verschiedener Spielstätten** hinsichtlich Größe und technischer Ausstattung mit der Möglichkeit des flexiblen, auslastungsgerechten Wechsels von Spielstätten.

3 Musical-Produktionen

Urheberrechtliche und **produktionstechnische Rahmenbedingungen** bestimmen – abgesehen von künstlerischen Aspekten – in erheblichem Maße den Musical-Markt:

> „Die Musik spielte in London: London exportierte Musicals in alle Welt und London bestimmte auch wie: völlig identische Inszenierungen des Originals bis ins kleinste Detail – die Handbewegung – hinein. Das sicherte sowohl die Vormachtstellung in der ganzen Welt als auch das Einkommen. Die Verträge mit englischen Partnern [...] waren knallhart und knebelfest. ‚Cats' in Wien begann erst nach 5jähriger Laufzeit langsam rosa bis schwarze Zahlen zu schreiben und mußte mindestens noch für zwei weitere Jahre gespielt werden, um den ‚break even' zu erreichen, den Ausgleich zwischen Ausgaben und Einnahmen. ‚Les Misérables' wurde inzwischen von Oslo über Budapest bis Tokio und Sydney – in über 15

Ländern erfolgreich geklont. In Wien allerdings entschloß man sich, das teure Musical nach zweieinhalb Jahren lieber abzusetzen als damit sehenden Auges in die Pleite zu rutschen. Solche Megamusicals mit hohem technischen Aufwand brauchen Theater mit einer Kapazität von mindestens 1.900 Sitzplätzen und einer Auslastung von 95%, das ganze dann am besten acht mal in der Woche." (SONDERHOFF u. WECK 1998, S. 104 f.)

Tabelle 4: Kenndaten zu den Produktionen der Vereinigten Bühnen Wien
(Quelle: Angaben der Vereinigten Bühnen Wien und eigene Berechnungen)

	Raimund-Theater 1180 Plätze	Etablisse. Ronacher 1160 Plätze	Theater an der Wien 1100 Plätze	Beginn	Ende	Laufzeit (Brutto) (Monate)	Vorstellungen	Zuschauer	Zuschauer pro Vorstellung	Auslastung (Prozent)
Cats		2	1	24.09.83	24.09.90	84	2.040	2.200.000	1078	95
A Chorus Line	X			16.10.87	01.07.88	8,5	225	235.000	1044	89
Les Misérables	X			15.09.88	31.03.90	18,5	400	420.000	1050	89
Phantom der Oper	2		1	20.12.88	30.06.93	56	1.363	1.400.000	1027	90
Freudiana			X	19.12.90	18.04.92	16	380	320.000	842	77
Elisabeth			X	03.09.92	25.04.98	68	1.279	1.270.000	993	90
Rocky Horror Show	X			07.09.93	26.10.93	1,5	46	52.671	1145	97
Kuss der Spinnenfrau	X			28.11.93	30.06.94	7	201	201.000	1000	85
Grease	X			28.09.94	30.06.95	9	265	300.000	1132	96
Die Schöne und das Biest	X			28.09.95	29.06.97	21	560	600.000	1071	91
Anatevka			X	31.01.97	19.04.97	2,5	71	76.500	1077	98
Tanz der Vampire	X			04.10.97	15.01.00	27,5	685	805.000	1175	99
Chicago		2	1	23.09.98	20.04.99	7	201	212.000	1055	98
Mozart			X	02.10.99						
Falco		X		01.02.00		laufende Produktionen				
Joseph	X			03.03.00						

Erklärung:
1 = Spielort bei Aufnahme der Produktion
2 = Weiterführung an anderem Spielort
3 = permanenter Spielort

Eine Betrachtung der verschiedenen **Produktionen der Vereinigten Bühnen Wien** zeigt erhebliche Unterschiede von Laufzeiten, Zuschauerzahlen und Auslastung. Kurze Laufzeiten sind dabei teilweise durch eingeschobene, zeitlich begrenzte Sonderproduktionen wie die „Rocky Horror Show" aus Anlaß des hundertjährigen Bestehens des Raimund-Theaters zu erklären. Insgesamt fallen bei nahezu allen Produktionen die ausgesprochen hohen Auslastungszahlen auf. Spitzenreiter bei der Zuschauergunst waren „Cats", „Phantom der Oper" und „Elisabeth", den Laufzeitrekord hält „Elisabeth", die höchste Auslastung weist „Tanz der Vampire" auf. Gleichzeitig sind aber auch Rückschlüsse auf eine Flexibilität bei der Produktionsgestaltung zu erkennen: Produktionen mit einer eher geringen Auslastung – und daraus ist der Schluß durchaus naheliegend: mit einem relativ geringen Publikumserfolg – werden bewußt auch schon nach einer kurzen Spielzeit schon wieder abgesetzt („Kuss der Spinnenfrau"). Die Möglichkeit während einer laufenden Produktion Produktionsstandorte zu wechseln („Cats", „Phantom der Oper", „Chicago") ermöglicht einerseits eine Auslastungsoptimierung der vorhandenen Spiel- und Platzkapazitäten, gleichzeitig ergibt sich aber auch die Möglichkeit zu Parallelproduktionen als Anreizfaktor für einen doppelten Musicalbesuch.

4 Besucherstruktur und Einzugsbereich

Die Publikumsbefragung – von den Vereinigten Bühnen Wien als gezieltes Instrument zur Marktbeobachtung und –steuerung eingesetzt – der Jahre 1999/2000 gibt einige wichtige Hinweise zur **Besucherstruktur und zur Besucherreichweite** (Einzugsbereich).

Im Laufe der Lebensgeschichte eine Musicals – durchaus in Anlehnung an die **Produkt-Zyklus-Theorie** - verändert sich der Einzugsbereich der Besucher: Während in der Anfangsphase einer neuen Produktion Besucher aus dem Nah- und Regionalbereich dominieren, findet mit zunehmender Aufführungsdauer eine Reichweitenvergrößerung, einhergehend mit einer zunehmenden Internationalisierung statt. Nach zwei bis drei Jahren und damit in einer Etablierungs- bzw. Reifephase ist bei den Produktionen der Vereinigten Bühnen Wien folgende Aufteilung beim Einzugsbereich der Besucher festzustellen:

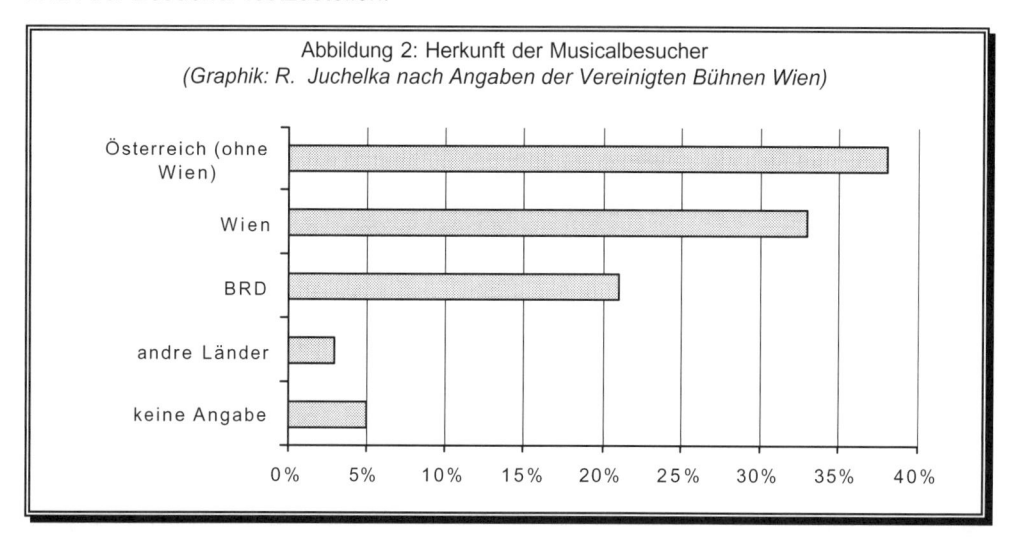

Abbildung 2: Herkunft der Musicalbesucher
(Graphik: R. Juchelka nach Angaben der Vereinigten Bühnen Wien)

- Ein Drittel der Besucher stammt aus Wien selbst.
- Etwas mehr als ein weiteres Drittel stammt aus den übrigen österreichischen Bundesländern, wobei distanzkorrelierend mit zunehmender Entfernung der Anteil geringer wird, anders ausgedrückt, der Anteil der Besucher aus Niederösterreich und Oberösterreich ist relativ am höchsten. Ausgesprochen unterdurchschnittlich – im Vergleich zum Bevölkerungsanteil - sind die Besucher aus der Steiermark vertreten.
- Knapp ein Viertel der Besucher kommt aus dem Ausland, wobei der Anteil der Besucher aus Deutschland (21 Prozent der Gesamtbesucher) am höchsten ist. Vornehmlich der relativ nahe gelegene, süddeutsche Raum ragt hier als Herkunftsgebiet heraus.

Spezifische **Sondereinflüsse im Einzugsbereich** sind bei einzelnen Produktionen festzustellen: Beispielsweise war bei „Elisabeth" ein signifikant hoher Anteil japanischer Besucher auffällig. Die sog. Clon-Produktionen, die bereits im New Yorker Broadway oder im Londoner Westend erfolgreich liefen und aufgrund urheberrechtlicher Vorgaben in unveränderter Inszenierung gespielt werden müssen, haben einen geringeren Anteil von Besuchern aus dem anglophonen Ausland, während diese Besuchergruppen bei Eigenproduktionen oder Welturaufführungen der Vereinigten Bühnen Wien stärker anzutreffen sind.

Tabelle 5: Herkunftsmarkt Österreich
(Quelle: Angaben der Vereinigten Bühnen Wien und des Österreichischen Statistischen Zentralamtes)

	Anteil (%) Musical-Besucher	Anteil (%) Bevölkerung (1998)	Bewertung
Wien	46	20	++
Oberösterreich	18	18	≈
Niederösterreich	17	19	≈
Steiermark	7	15	--
Salzburg	3	6	-
Kärnten	3	7	-
Tirol	2	8	-
Burgenland	1	3	-
Vorarlberg	1	4	-
Keine Angaben	2	./.	

+ Anteil Musical-Besucher aus dem Bundesland höher als Bevölkerungsanteil
≈ Anteile entsprechen sich
- Anteil Musical-Besucher aus dem Bundesland niedriger als Bevölkerungsanteil

Wie bereits dargestellt, weisen Produktionen mit **längeren Laufzeiten** auch eine Vergrößerung bei der Besucherreichweite auf: So hatte „Chicago" nach einer Spielsaison einen Besucheranteil aus Wien von 37 Prozent, beim „Tanz der Vampire" kamen nach der dritten Spielsaison hingegen 29 Prozent der Besucher aus der Bundeshauptstadt.

Der Anteil der **Besucher aus Deutschland** liegt immer relativ konstant bei 20 Prozent, mit Schwankungen von zwei bis drei Prozentpunkten. Auch der Anteil der übrigen nicht-österreichischen Besucher bleibt mit etwa zwei Prozent ausgesprochen konstant.

Die **Verkehrsmittelwahl der Musicalbesucher** *(vgl. Abb. 3)* ist generell sehr PKW-dominiert und korreliert natürlich ziemlich stark mit der Herkunft der Besucher: Die Besucher, die nicht in Wien wohnhaft sind, reisen zum überwiegenden Teil mit dem PKW an, gefolgt zu gleichen Teilen mit Bahn oder Reisebus (Package-Tour), die Anreise per Flugzeug spielt eine untergeordnete, gleichwohl noch sichtbare Rolle. Es fällt insgesamt auf, daß die Hälfte der Besucher mit öffentlichen Verkehrsmitteln anreist.

Leider gibt die Besucherbefragung keine differenzierten Hinweise, ob die Besucher alleine wegen des Musicals nach Wien gereist sind oder ob eine Package-Tour im Rahmen eines Städtetourismusprogramms gebucht wurde. 71 Prozent der Musical-Besucher (nicht in Wien wohnhaft) geben an, allein wegen des Musicals nach Wien gekommen zu sein, was auf eine sehr stark **monofinal ausgerichtete Besucherstruktur** hindeutet. 63 Prozent der Besucher sind individuell angereist, 30 Prozent mit einer Gruppe, sieben Prozent machen dazu keine Angabe.

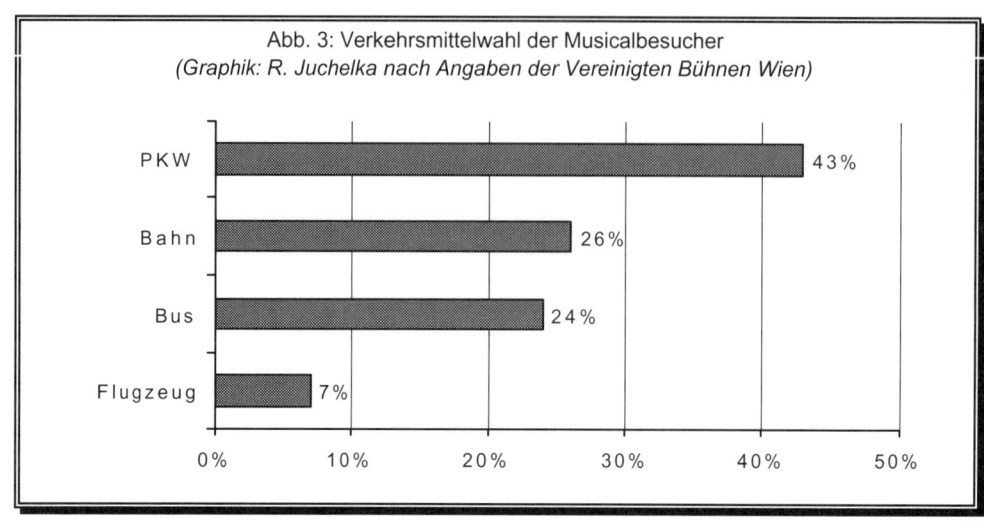

Abb. 3: Verkehrsmittelwahl der Musicalbesucher
(Graphik: R. Juchelka nach Angaben der Vereinigten Bühnen Wien)

PKW	43%
Bahn	26%
Bus	24%
Flugzeug	7%

Das **Ausgabeverhalten der Musical-Besucher** kann als Kenngröße der wirtschaftsgeographischen Bedeutung (Kaufkraftzufluß, Umwegrendite, Multiplikatoreffekte) herangezogen werden, gleichwohl häufig keine eindeutige Zuordnung von Ausgabeposten zu einem bestimmten Tätigkeits- oder Besuchsmerkmal vorgenommen werden kann. Das durchschnittliche Ausgabeverhalten eines Musical-Besuchers pro Abend (Ticket, Getränke, Essen, Bus, Taxi) liegt zwischen 1.000 und 5.000 ATS (140 – 710 DM), wobei Besucher aus dem Nahraum weniger ausgeben als Besucher mit größerer Entfernung zu ihrem Wohnort. Aber auch bereits knapp 40 Prozent der Besucher aus Wien selbst geben bereits mehr als 1.000 ATS pro Musicalabend aus.

5 Auslandsaktivitäten

Die **Auslandsaktivitäten** und damit die Ausrichtung auf eine **internationale Marketingstrategie** bilden einen weiteren Ansatz zur Erklärung der Wiener Musical-Erfolge:

> "Den Vereinigten Bühnen Wien ist es in den letzten Jahren gelungen, zum erfolgreichsten österreichischen Exporteur von Theaterproduktionen zu werden. Damit sind die Vereinigten Bühnen Wien der einzige Musicalproduzent im deutschsprachigen Raum, dem der Export eigener Produktionen gelungen ist"
> *(Erklärung von Intendant Klausnitzer im Juni 1999; zit. nach: www.musicalvienna.at; 11.09.00).*

Die **Auslandsaufführungen** zeigen einerseits einen Schwerpunkt auf den deutschsprachigen Raum, was insbesondere vor dem Hintergrund der touristischen Besucherstruktur von Wien als auch natürlich sprachbedingt zu erklären ist, andererseits sind gerade die Gastspiele im nicht-deutschsprachigen Ausland als Marketingimpulse für eine Vergrößerung des Einzugsbereichs zu bewerten. Eine weitere Ausweitung der Auslandsaktivitäten der Vereinigten Bühnen Wien ist geplant. Die Produktionen in Japan, die seit 1996 kontinuierlich in bestimmten Zeitblöcken vor immer ausverkauften Häusern gespielt wurden und zu einer regelrechten „Elisabeth"-Fankultur in Japan geführt haben, werden auch zukünftig fortgesetzt. Die Vereinigten Bühnen Wien treten dabei entweder als Produzenten, Koproduzenten oder Rechte-Verwerter auf.

Tabelle 6: Auslandsaufführungen
(Quelle: Angaben der Vereinigten Bühnen Wien und Bartosch 2000)

Cats	ehem. DDR	Berlin (Ost)
Chicago	Deutschland	Berlin
		München
Elisabeth	Japan	Tokyo
	Ungarn	Budapest
		Szeged
	Schweden	Karlstad
	Niederlande	Scheveningen
Grease	Deutschland	Frankfurt
		Düsseldorf
	Schweiz	Zürich
Hedwig	Deutschland	Köln (Kooperationsproduktion)
Rockin Musical	Schweiz	Zürich
Tanz der Vampire	Deutschland	Stuttgart (Produktionsverlagerung)

Bis Mitte 2000 haben etwa 3,5 Millionen Besucher die Wiener Auslandsproduktionen gesehen und sind damit zumindest indirekt mit dem Musicalstandort Wien in Verbindung gekommen, vielfach ein Anreiz, den Original-Produktionsstandort zu besuchen. Ende der 1990er Jahre wurde durchschnittlich rund 7 Millionen ATS (etwa 1 Mio. DM) pro Jahr mit den Auslandsverwertungen verdient. Zukünftig werden folgende **Schwerpunkte bei den Auslandsaktivitäten** gebildet:
- Entwicklung neuer Produktionen auch für externe Auftraggeber
- Lizenzierung der in Wien entstandenen Produktionen
- Übernahme von Lizenzen und nachfolgende Produktion nicht in Wien
- Internationale Kooperationen und Rechteverwertungen
- Veranstaltungs- und Entertainmentconsulting sowie Infrastrukturbereitstellung im technischen, administrativen und Vertriebsbereich.

Ziel ist es, bis etwa 2005 die Erträge aus den Auslandsaktivitäten zumindest zu verdoppeln. Neben dem wirtschaftlichen Erfolg bringt die Exporttätigkeit der Vereinigten Bühnen Wien natürlich auch einen enormen, allerdings schwer zu bilanzierenden regionalökonomischen Image-Erfolg für Wien. Wien ist neben seiner Position als Opern- und Operettenstadt damit bei internationaler Betrachtung auch nach New York und London die aktivste Stadt im Bereich Musical.

6 Österreichische Musical-Produktionen außerhalb Wiens

Während in Deutschland die Produktionen des Marktführers Stella ganzjährig ihre Produktionen aufführen, findet bei den Wiener Musicals eine mehrmonatige Sommerpause statt. Gleichwohl finden in diesem Zeitraum in den Bundesländern, und da wiederum verstärkt im Wiener Umland, Aufführungen statt. Beispielsweise gab es in der **Sommersaison 2000** (Juli-August) folgende Aufführungen:
- Amstetten: Musicalsommer mit „Fame"
- Bruck a.d. Leitha: Musicalfestspiele mit „Sweeny Todd" und „Evita"
- Stockerau: Festspiele mit „The King and I"
- Zell am See: „Beatlemania" (Produktion der Vereinigten Bühnen Wien).

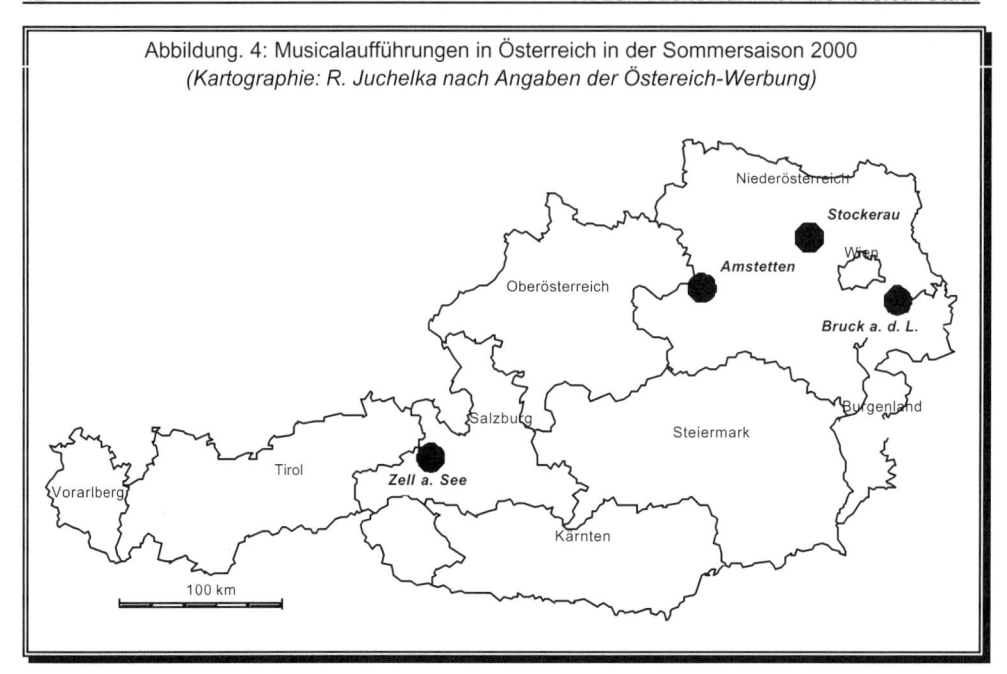

Abbildung. 4: Musicalaufführungen in Österreich in der Sommersaison 2000
(Kartographie: R. Juchelka nach Angaben der Östereich-Werbung)

Diese Produktionen müssen in unmittelbarer **Wechselwirkung zum Musicalstandort Wien** gesehen werden: Sie nutzen das Zeitfenster der Saisonlücke in der Hauptstadt und gleichzeitig den Image-Faktor des Standorts Wien in Form eines Spill-over-Effektes aus, um zusätzliche Besucher für die entsprechende Region zu gewinnen. Wien-Besucher finden hier somit eine Alternative während der Saisonpause. Außerdem können vielfach Schauspieler, Musiker und Techniker aus den Wiener Produktionen gewonnen werden. Schließlich bieten sich die Regional-Produktionen als Testmarkt für Wien an. So sind die Produktionen „Anatevka" aus Klagenfurt und „Joseph" aus Amstetten in der Folgesaison in Wien weitergeführt worden.

7 Verflechtungsgefüge an einem Musicalstandort

Das an einem Musicalstandort entstehende **raumwirksame Beziehungs- und Wirkungsgefüge** kann – gerade am Beispiel Wiens - als ausgesprochen komplex charakterisiert werden. Neben den naheliegenden touristischen Folgewirkungen sind auch aus stadt-, wirtschafts- und verkehrsgeographischer Perspektive vielfältige Verflechtungen vorhanden. Die folgende Abbildung 5 stellt in schematisierter und auf alle Musicalstandorte übertragbarer Form ausgewählte Elemente dieses Wirkungsgefüges dar. Das dabei entstehende Bild läßt vermuten, daß in einer Musicalstadt sich eine **Musical-Formation** etabliert, deren Kern- oder Schlüsselunternehmen das oder die Musicaltheater ist (sind) und dem eine Vielzahl von vor- und nachgelagerten Spezialunternehmen und Dienstleistern in wechselnder und unterschiedlich intensiver Kooperationsform zugeordnet sind *(vgl. Ritter 1991).*

Abbildung 5: Verflechtungsbeziehungen an einem Musical-Standort

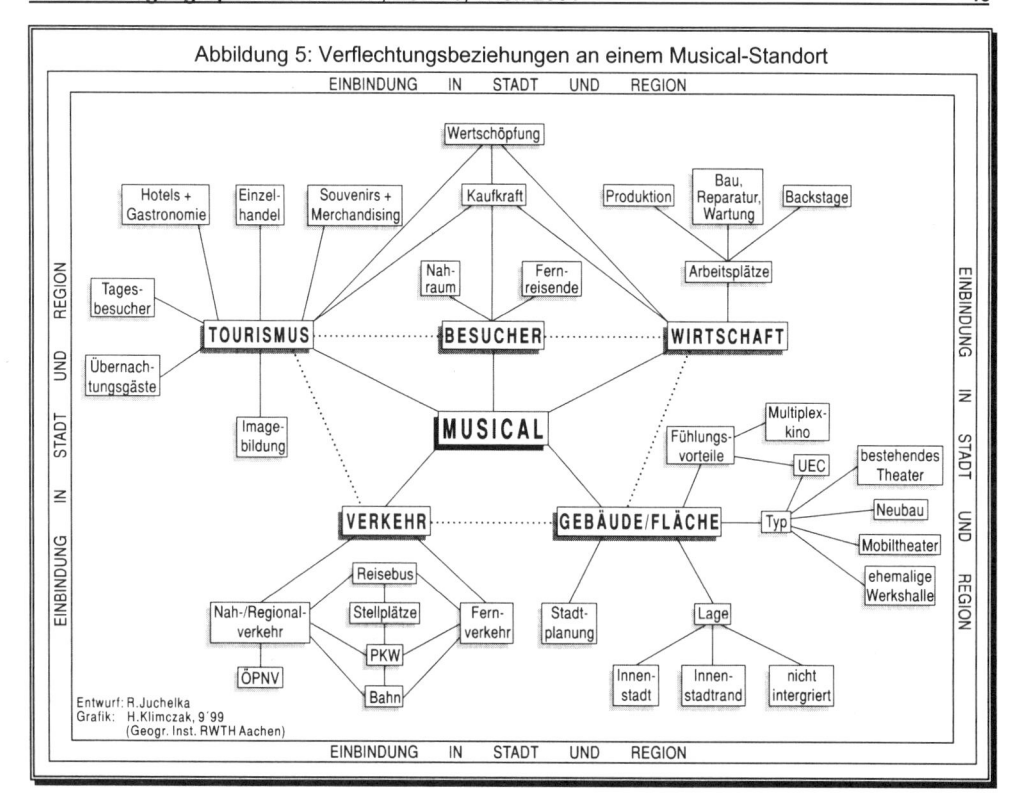

8 Erfolgsfaktoren – eine Zusammenschau

Wenn auch die aus gegenwärtiger kulturkritischer Perspektive beliebte Frage „Wieviel Musical braucht Wien?" modifiziert werden könnte in „Wieviel Musical verträgt Wien?", müssen beide Fragen aufgrund der bestehenden Erfolge durchaus als rhetorische Fragen klassifiziert werden. Die **Erfolge Wiens als Musicalstandort** sind unzweifelhaft, gleichzeitig können sie keinesfalls monokausal erklärt werden. Eine multifaktorielles Ursachen-Wirkungsgefüge ist für die Standortentwicklung und – bedeutung heranzuziehen. Die folgende Tabelle kategorisiert die Faktoren in den Bereich Wien, Spielstätten, Organisation und Betrieb sowie sonstige Faktoren.

Das Beispiel des Musicalstandortes Wien zeigt – gerade auch im Vergleich zu den eher problematischen Entwicklungen in Deutschland –, daß zur Genese, Steuerung und Etablierung eines Musicalstandortes mehr als nur exogene Faktoren in Art einer ‚Public-Private-Partnership-Aktion: Musical-Halle auf der sog. grünen Wiese' erforderlich sind. **Musicals sind keinesfalls standortungebundene und damit ubiquitär übertragbare Elemente der postmodernen Kultur- und Freizeitlandschaft, vielmehr haben sie einen vielfältigen räumlichen Standortbezug und unterliegen wirtschaftsräumlichen Bedingungen.** Das Beispiel Wien verdeutlicht aber – unter Beachtung aller Zweifel an der vielfach leicht geforderten Übertragbarkeit der dortigen Erfolge auf andere Städte - vor allem den positiven Fall, daß Musicals bei durchaus auch vorhandenen Rückschlägen einen vielfältigen Beitrag zur Standortprofilierung leisten können.

Tabelle 7: Erklärungsfaktoren für den Musicalstandort Wien	
Faktor: Wien ⇨ Kompetenzfeld Theater- und Musiktradition: Stadt und Publikum ⇨ Internationale Destination im Städtetourismus mit hoher Attraktivität ⇨ Kopplungspotentiale für Wien-Besucher ⇨ Stücke mit Wien-affinen Themen	**Faktor: Spielstätten** ⇨ Verfügbarkeit historischer Theatergebäude ⇨ Lage: Innenstadtnähe der Theater ⇨ Spielstättenvariation ermöglicht Synergieeffekte
Faktor: Organisation + Betrieb ⇨ Organisationsstruktur: Vereinigte Bühnen Wien ⇨ Import von Erfolgsmusicals als Basis für Eigenproduktionen ⇨ Flexibilität bei Produktionslaufzeiten ⇨ Auslandsmarketing ⇨ Synergieeffekte mit Produktionen der österreichischen Bundesländer	**Sonstige Faktoren** ⇨ Persönlichkeits-Faktor: Rolle Peter Wecks ⇨ Image-Faktor als Selbstläufer-Effekt

Literaturverzeichnis

Bartosch, G.: Das ist Musical. Eine Kunstform erobert die Welt. Essen 1997
Isenberg, W. (Hrsg.) (1999): Musicals und urbane Entertainment-Konzepte. Bensberg. (Bensberger Protokolle, Bd. 90)
Juchelka, R.: Broadway an der Ruhr. Das Ruhrgebiet als Musical-Standort. – In: Geographie heute, 19. Jg., H. 165, S. 26-29
Ders. (2000): Der Musical-Markt in Deutschland. – In: Geographische Rundschau, 52. Jg., H. 2, S. 34-40.
o.V. (2000): Der König soll es wieder richten. Die deutsche Musical-Szene in Bewegung. – In: Touristik-Report, H. 11, S. 54-57.
Rieger, K. (1994): Musik macht mobil. – In: Touristik Management, H. 9, S. 38-44
Ritter, W. (1998): Allgemeine Wirtschaftsgeographie. Eine systemtheoretisch orientierte Einführung, 3. Aufl. München
Rothärmel, B. (1999): Der Musicalmarkt in Deutschland. - In: Isenberg, W. (Hrsg.): Musicals und urbane Entertainment-Konzepte. Bensberg. S. 55-73 (= Bensberger Protokolle 90)
Schäfer, H. (1998): Musicalproduktionen. Marketingstrategien und Erfolgsfaktoren. Wiesbaden. (= Gabler Edition Wissenschaft)
Sonderhoff, J. (1998): Das Musical und seine Geschichte. – In: Sonderhoff, J. u. P. Weck: Musical. Geschichte, Produktionen, Erfolge. Augsburg. S. 9-108.
Weck, P. (1998): Zum Thema Musical. – In: Sonderhoff, J. u. P. Weck: Musical. Geschichte, Produktionen, Erfolge. Augsburg. S. 6 f.

Internet: www.musicalvienna.at

Den Vereinigten Bühnen Wien wird für die Bereitstellung von umfangreichem Daten- und Informationsmaterial besonders gedankt.

EIN HALBES JAHRHUNDERT WELTBEVÖLKERUNGSENTWICKLUNG

Eine statistisch-kartographische Analyse mit besonderer Berücksichtigung der Reproduktivitätsänderungen

Half A Century of World Population Development : A statistical and cartographic analysis with a special emphasis on changes in reproduction

Albert HOFMAYER (Wien)

Herrn Univ.-Prof. Dkfm. Dr. Felix Jülg zum 65. Geburtstag gewidmet.

Kurzfassung

Der Beitrag wertet publizierte Statistiken der Weltbevölkerung (von UNO, US-Census Bureau u.a.) in graphisch-kartographischer Form aus, wobei vor allem neuere Ergebnisse der französischen demographischen Forschung berücksichtigt we rden. Einleitend werden zwei konzeptionell-methodische Themen diskutiert: die Frage der bevölkerungsgeographischen Regionalisierung der Erde, und die Auswahl von Maßzahlen der Reproduktion und langfristigen Bevölkerungsentwicklung. Zunächst wird ein Überblick über die Verteilung der Weltbevölkerung nach Kontinenten und Kulturerdteilen im Jahr 1950 und heute (2000) gegeben. Die festgestellten globalen Gewichtsverlagerungen werden aus der räumlich differenzierten Dynamik der demographischen Komponenten (Fruchtbarkeit, Sterblichkeit, Wanderungen) zu erklären versucht. Eingehend wird die Entwicklung der Reproduktivität analysiert. Dabei ergibt sich, dass seit 1950 der Anteil der Weltbevölkerung, der in Ländern mit einer Fruchtbarkeit unter dem Generationenersatzniveau ('replacement level') lebt, im Gegensatz zur landläufigen Meinung nicht ab-, sondern kontinuierlich zugenommen hat: im Jahr 2000 leben bereits 47 % der Weltbevölkerung in solchen Ländern. Die Ausbreitung der betroffenen Gebiete von 1950 bis 2000 wird in mehreren Karten dargestellt.

Abstract

The paper is based on statistical data on world population (published by the United Nations, the United States Census Bureau, a.o.), making use of recent findings in demographic research, in particular of French authors. At the outset, two conceptual-methodological topics are addressed: the question of the demographic regionalization of the world, and the choice of statistical measures for indexes of reproductivity and long-term development of population. The paper starts with a comparison of the distribution of world population among macro-regions („Kulturerdteile") in 1950 and today. The identified population shifts are then explained by regionally diverging dynamics of demographic components (fertility, mortality, migration). In more detail, the changing of fertility between 1950 and 2000 is analysed, giving the following result: from 1950 onwards the share of the world population living in countries with 'below replacement fertility' has been continuously increasing – contrary to common be-

lief – ; in the year 2000 already 47 % of world population live in such countries. The global diffusion of 'below replacement fertility' from 1950 up to now is shown in several maps.

1 Einleitung: Ziele des Beitrags

Seit langem wird die Diskussion über die Weltbevölkerung vom Schlagwort „**Bevölkerungsexplosion**" beherrscht. Seit der amerikanische Biologe Paul Ehrlich sein Buch ‚The Population Bomb' (1970) und bald darauf der ‚Club of Rome' seine ersten Szenarien veröffentlichte, hat sich die Vorstellung eines exponentiellen Bevölkerungswachstums, das eine Gefahr für die Erde darstelle, allgemein verbreitet. Die von den Vereinten Nationen und anderen Institutionen publizierten **Bevölkerungsprognosen** haben diesen Eindruck verstärkt. Obwohl die Prognosewerte seit Jahren bei jeder Neuauflage nach unten revidiert werden, herrscht in der breiten Öffentlichkeit, aber auch in der akademischen Welt, vielfach noch immer die Vorstellung eines ungebrochenen Wachstums.

Vor diesem Hintergrund setzt sich der Beitrag folgende **Ziele**:
1. in **räumlich-differenzierender Sicht** die Darstellung der **Entwicklung und relativen Verlagerung der Weltbevölkerung im Zeitraum 1950 bis 2000**;
2. in **sachlicher Hinsicht** eine **Erklärung dieser Entwicklung** aus den Komponenten des Bevölkerungsprozesses, und im Rahmen dessen
3. speziell die **Analyse der Fruchtbarkeit**, welche ohne Zweifel die entscheidende Komponente der gegenwärtigen Bevölkerungsentwicklung ist, und der **Reproduktivität**.

2 Datenquellen und methodisch-konzeptionelle Fragen

Die Daten dieses Beitrags stammen aus folgenden **publizierten Statistiken**, welche durchwegs die gesamte Erdbevölkerung umfassen:
- **Demographic Yearbook** (jährlich), World Population Prospects (in etwa zweijährigem Abstand), beide herausgegeben von der ‚Population Division' der Vereinten Nationen (New York);
- **World Data Sheet** (jährlich), herausgegeben vom ‚Population Reference Bureau' (einer unabhängigen Institution mit Sitz New York);
- ‚**International Data Base**' des ‚US Bureau of the Census' (Washington): im Internet verfügbar (jüngste Aktualisierung: 10. Mai 2000);
- periodische **Publikationen des INED** (Institut National d'Études Démographiques, Paris) über den Stand der Weltbevölkerung (alle zwei Jahre).

Bei der Verwendung dieser Daten erheben sich u. a. **zwei Kernfragen**, die vorab zu beantworten sind:

(1) Wie untergliedert man die Erde bei einem globalen Langzeitüberblick, bei dem man nicht auf jedes einzelne Land eingehen kann? Anders gesagt: Wie soll eine für diesen Zweck adäquate „**bevölkerungsgeographische Regionalisierung** der Erde" aussehen?

(2) Welche **demographischen Maßzahlen** wählt man, insbesondere zur Charakterisierung der Fruchtbarkeit und Reproduktivität?

2.1 Zur bevölkerungsgeographischen Regionalisierung der Erde

In den deutschsprachigen Lehr- und Handbüchern der Demographie und Bevölkerungsgeographie *(vgl. ESENWEIN-ROTHE 1982; LEIB / MERTINS 1983; BÄHR 1992;*

MUELLER/NAUCK/DIEKMANN 2000) wird diese Frage nicht ausdrücklich thematisiert. Sofern darin weltweite Darstellungen zu finden sind, übernehmen sie zumeist unverändert die **räumliche Gliederung der statistischen Datenquellen** *(vgl. unten);* vereinzelt werden auch andere Regionalisierungen der Erde verwendet, welche aber nicht nur demographische, sondern auch sozioökonomische Merkmale berücksichtigen, was für den vorliegenden Zweck wenig geeignet erscheint.

Die genannten **UNO-Publikationen** verwenden bei der Präsentation der weltweiten Bevölkerungsdaten folgende Gliederungen:
- eine **topographische Gliederung** nach **Kontinenten**, welche weiter in je vier bis fünf ‚**Macro Regions**' untergliedert werden: z.B. Europa in ‚Northern', ‚Western', ‚Southern' und ‚Eastern Europe' (letzteres inkl. der ganzen Russ. Föderation); auch Ozeanien wird in die vier Makroregionen Australien & Neuseeland, Melanesien, Mikronesien und Polynesien untergliedert;
- eine **entwicklungsökonomische Gliederung** in ‚More developed' und ‚Less developed countries', wobei innerhalb der letzteren noch die Untergruppe der ‚Least developed countries' (laut dem jeweils jüngsten diesbezüglichen UNO-Beschluss) ausgegliedert wird.

Das **US-Census-Bureau** verwendet die erwähnte entwicklungsökonomische Zweigliederung und eine andere topographische Gliederung: Nordafrika, subsaharisches Afrika, Naher Osten, Asien (ohne Nahost), Lateinamerika + Karibik, Westeuropa, Osteuropa, Baltikum [sic!], GUS, Nordamerika, Ozeanien. Das **INED** übernimmt weitgehend die topographische Gliederung der UNO-Publikationen, mit der einzigen Abweichung, dass es Russland nicht zu ‚Eastern Europe' rechnet, sondern als eigenen „Kontinent" anführt. Eine **entwicklungsökonomische Regionalisierung** ist zwar für einen groben Überblick geeignet, aber nicht für die hier angestrebte Untersuchung, da sich die Zuordnungen der Länder im Lauf eines halben Jahrhunderts geändert haben. So hatte z.B. im Jahr 1950 Japan noch einen geringeren Lebensstandard als mehrere lateinamerikanische Länder *(CHESNAIS 1995, S.153)*.

Von den angeführten **topographischen Gliederungen** vermag keine voll zu überzeugen. Die UNO-Gliederung umfaßt relativ viele, z.T. bevölkerungsarme Makroregionen, sie erscheint für einen Überblick zu detailliert. Die US-Census-Bureau-Gliederung ist diesbezüglich günstiger, besitzt aber auch einige Unausgewogenheiten: Asien (ohne Nahost), das mehr als die Hälfte der Weltbevölkerung beherbergt, verlangt nach einer Untergliederung, während andererseits die drei baltischen Kleinstaaten im Weltmaßstab kaum als eigene Einheit ins Gewicht fallen.

Daher wird für die folgenden Analysen als **Regionalisierung die Kulturerdteile-Gliederung** *(NEWIG 1986),* der auch die Fischer-Länderkunde im wesentlichen folgt, gewählt:
1) Europa (ohne Russland und übrige GUS-Staaten),
2) GUS-Staaten (ehemalige Sowjetunion ohne Baltikum, mit Mittelasien),
3) Afrika südlich der Sahara („Schwarzafrika"),
4) Nordafrika (Maghreb-Staaten inkl. Westsahara),
5) Vorderasien („Naher Osten", Türkei bis Afghanistan und Arabische Halbinsel; die beiden Subkontinente 4 und 5 bilden zusammen den Kulturerdteil Orient),
6) Südasien (Indien und Nachbarländer),
7) Ostasien (China, Japan, Korea, Mongolei),
8) Südostasien (von Myanmar bis Indonesien),

9) Australien und Ozeanien,
10) Nordamerika,
11) Lateinamerika inkl. Karibik.

2.2 Zur Auswahl der demographischen Maßzahlen

Am leichtesten verfügbar sind die **rohen Geburtenziffern bzw. Sterbeziffern** der Länder (Lebendgeborene bzw. Sterbefälle je 1000 Einwohner). Diese zwei Maßzahlen werden üblicherweise auch zur Darstellung des „demographischen Übergangs" verwendet. Zur Erklärung der Bevölkerungsentwicklung ist auch die **mittlere Lebenserwartung** heranzuziehen. Für die beabsichtigte Analyse der langfristigen Bevölkerungsentwicklung reichen aber diese einfachen Maßzahlen nicht aus; hierfür sind **Ereignismaße der Fruchtbarkeit und Reproduktivitätsmaße** *(vgl. MUELLER/ NAUCK/DIEKMANN 2000)* erforderlich.

Unter den Fruchtbarkeitsmaßzahlen ist heute die **periodenspezifische Gesamt-Fruchtbarkeitsrate** (Total Fertility Rate', im folgenden abgekürzt: TFR) am verbreitetsten. Sie errechnet sich als Summe aller altersspezifischen Fruchtbarkeitsraten (letztere beziehen die Zahl der Geburten eines Jahres auf den Gesamtbestand an Frauen einer Altersgruppe); die genaue Berechnungsformel findet sich z. B. bei MUELLER *(2000, S. 62 – 67)*. In den zitierten Publikationen von UN und CELADE findet sich folgende Definition: „Die TFR gibt die Durchschnittszahl an Kindern an, die von einer Frau geboren werden, die einer hypothetischen Frauenkohorte angehört, deren Fortpflanzungsverhalten während ihres ganzen fortpflanzungsfähigen Lebensabschnitts im Einklang mit den altersspezifischen Fruchtbarkeitsraten der betreffenden Jahre steht; weiters wird die Sterblichkeit der Frauen von ihrer Geburt bis zum Ende des Fortpflanzungsalters nicht berücksichtigt". Wenn man den Unterschied zwischen periodenspezifischer („Querschnitts"-) und kohortenspezifischer Fruchtbarkeit außer acht lässt, kann man die TFR stark vereinfacht als „Gesamtzahl der Kinder pro Frau" bezeichnen.

Für die **langfristige Bevölkerungsentwicklung** ist vor allem entscheidend, ob und um wie viel bei den gegenwärtigen Geburtenzahlen die nächste Generation größer oder kleiner als die heutige Generation sein wird, d.h. wie es um die **Reproduktivität der Bevölkerung** bestellt ist. Bei geringer Säuglingssterblichkeit und hohem medizinischen Standard in einem Land reicht eine TFR von 2,1 (Kindern pro Frau) aus, um eine gleich große Frauengeneration hervorzubringen. In vielen Entwicklungsländern liegt dieser TFR-Wert, der als **Generationenersatzniveau** ('replacement level') bezeichnet wird, jedoch auch heute noch bei 2,5 bis 3,0 *(DUMONT 1995, S. 90)*. Der genaue Wert hängt von der Sterblichkeit der Töchtergeneration bis zum Ende ihres fruchtbaren Alters ab. Daten über die konkrete Höhe des 'replacement level' in einzelnen Ländern sind leider kaum zu finden, was aber nicht so gravierend ist, weil eine andere Maßzahl zur Verfügung steht.

Als adäquate Maßzahl der Reproduktivität einer Bevölkerung gilt in der Demographie seit langem die **Nettoreproduktionsrate** (im folgenden abgekürzt: NRR). Sie errechnet sich zunächst ähnlich wie die TFR, wobei aber anstelle aller Geburten nur die Geburten von Töchtern zur Zahl der Frauen im fruchtbaren Alter in Beziehung gesetzt werden; diese Proportion (= Bruttoreproduktionsrate) wird dann mit den altersspezifischen Überlebendenanteilen gewichtet – die Sterbewahrscheinlichkeit wird aus Mortalitätstafeln geschätzt – und ergibt so die NRR *(vgl. MUELLER 2000, S. 80 f)*. Der Wert der NRR gibt direkt an, in welchem Umfang die betrachtete Frauengeneration durch ihre Töchter zahlenmäßig ersetzt werden wird: eine NRR größer als 1,00 bedeutet, dass die Töchtergeneration entsprechend größer, eine NRR kleiner als 1,00 hingegen, dass die Töchtergeneration kleiner als die Muttergeneration sein wird. Die NRR enthält somit im Gegensatz zur TFR bereits einen inhärenten 'replacement level'. **Daten der Nettoreproduktionsrate** für alle Länder der Erde sind von den angegebenen Datenquellen nur in den ‚World Population Prospects' enthalten, und zwar für Fünfjahresperioden von 1950-55 bis 1995-2000 *(neueste Revision: UN Population Division 1999)*.

3 Entwicklung und räumliche Verlagerung der Weltbevölkerung 1950 bis 2000

Im **Zeitraum 1950 bis 2000** hat sich die Bevölkerung der Erde von **rund 2,55 Mrd. auf 6,08 Milliarden mehr als verdoppelt**. Es bestehen jedoch gewaltige **Unterschiede** in der Bevölkerungsdynamik zwischen den **Kulturerdteilen** *(vgl. Tab. 1)*.

Tabelle 1: Bevölkerung nach Kulturerdteilen 1950 und 2000
(Quelle: U.S. Bureau of the Census, International Data Base (2000); eigene Berechnungen)

Subkontinent bzw. Kulturerdteil (Abgrenzung s. Text, oben)	Bevölkerung 1950		Bevölkerung 2000		Veränderung 1950 – 2000		
	absolut	in We	absolut	in % Welt-	relativ von	Zunahme absolut	in punk
Europa	397.645.536	15,56	519.030.423	8,54	+30,53	121.384.887	–7,03
GUS-Staaten	173.985.570	6,81	283.196.589	4,66	+62,77	109.211.019	–2,15
Afrika südl. Sahara	183.447.009	7,18	660.613.176	10,87	+260,11	477.166.167	+3,69
Nord-Afrika	43.919.634	1,72	144.630.041	2,38	+229,31	100.710.407	+0,66
Vorderasien	68.174.574	2,67	262.243.610	4,31	+284,66	194.069.036	+1,64
Südasien	472.310.501	18,49	1.330.999.207	21,89	+181,81	858.688.706	+3,41
Ostasien	687.904.141	26,92	1.489.909.661	24,50	+116,59	802.005.520	–2,42
Südostasien	182.972.503	7,16	531.674.608	8,74	+190,58	348.702.105	+1,58
Australien + Ozeanien	12.476.128	0,49	30.794.760	0,51	+146,83	18.318.632	+0,02
Nordamerika	166.348.185	6,51	306.966.997	5,05	+84,53	140.618.812	–1,46
Lateinamerika+Karibik	165.894.293	6,49	520.082.611	8,55	+213,50	354.188.318	+2,06
ERDE insgesamt	2.555.078.074	100,0	6.080.141.683	100,0	+137,96	3.525.063.683	±0,00

3.1 Großräumige Bevölkerungsverteilung 1950 und Verlagerung bis 2000

Vor einem halben Jahrhundert war die Weltbevölkerung auf **drei Kulturerdteile** konzentriert, welche zusammen **über 60 % der Menschheit** beherbergten: Ostasien (mit fast 27 %), Südasien (mit 18,5 %) und Europa mit 15,5 %. Mit deutlichem Abstand folgten fünf weitere Kulturerdteile, in denen jeweils etwa 7 % lebten: Schwarzafrika und Südostasien (je 7,2 %), die heutigen GUS-Staaten (damalige Sowjetunion ohne Baltikum) mit 6,8 % sowie Nordamerika und Lateinamerika mit je 6,5 %. Dahinter lagen die zwei Subkontinente Vorderasien und Nordafrika, also der Kulturerdteil Orient, mit zusammen 4,4 %. Auf Australien und die pazifische Inselwelt entfiel knapp ein halbes Prozent der Weltbevölkerung.

Fünfzig Jahre später hat sich das Verteilungsbild deutlich gewandelt. Die beiden bevölkerungsreichsten Großräume sind zwar nach wie vor **Ostasien und Südasien** – wobei letzteres heute mit rund 22 % fast ebenso viele Menschen wie Ostasien (24,5 %) beherbergt. An dritter Stelle liegt jedoch nicht mehr Europa, sondern

Schwarzafrika mit fast 11 %, das somit seinen Anteil um 3,7 Prozentpunkte gesteigert hat. Erst mit deutlichem Abstand folgen jetzt drei Kulturerdteile mit fast gleichen Anteilen: Südostasien (8,7 %), Lateinamerika und Europa (je 8,5 %). Dies bedeutet für Südostasien und Lateinamerika eine Anteilsvermehrung, für Europa jedoch eine Verminderung um mehr als 7 Prozentpunkte. Das Gewicht Europas in der Weltbevölkerung hat sich also beinahe auf die Hälfte reduziert. Mit ebenfalls gesunkenen Anteilen präsentieren sich heute Nordamerika – das 1950 noch knapp vor Lateinamerika gelegen war – sowie die GUS-Staaten (mit rund 5 % bzw. 4,6 %). Hingegen hat sich der Anteil Vorderasiens und Nordafrikas deutlich erhöht und beträgt heute zusammen 6,7 %; der Orient hat damit sowohl die ehemalige Sowjetunion als auch Angloamerika überholt. Faßt man die Verlagerungen im Zeitraum 1950 bis 2000 zusammen, so waren die relativen Gewinner die Kulturerdteile Schwarzafrika (+3,7 Prozentpunkte), Südasien (+3,4), Orient (+2,3) und Lateinamerika (+2,1). Die Anteilsverluste waren am größten in Europa (minus 7 Prozentpunkte), gefolgt von Ostasien (–2,4), den GUS-Staaten (–2,2) und Nordamerika (–1,5). Es fällt auf, dass alle „Verlierer"-Räume auf der Nordhemisphäre liegen; es gab also eine **globale Nord-Süd-Verlagerung** der Bevölkerung im abgelaufenen halben Jahrhundert.

3.2 Die großräumige Differenzierung des Bevölkerungswachstums

Die genannten Bevölkerungsverlagerungen resultieren aus **unterschiedlichen Wachstumsraten** *(vgl. Tabelle 1).* Der globale Durchschnittszuwachs im Zeitraum 1950 bis 2000 betrug +138 %.

- Besonders stark vermehrt hat sich die Bevölkerung in Afrika und im Orient (Vorderasien +285 %, Schwarzafrika +260 %, Nordafrika +229 %) sowie in Lateinamerika (+213 %). In diesen Kulturerdteilen hat sich die Bevölkerung mehr als verdreifacht.
- Ebenfalls deutlich über dem Weltdurchschnitt lag die Bevölkerungszunahme in Südostasien (+190 %) und auf dem indischen Subkontinent (+182 %), während sie im australisch-pazifischen Raum mit 147 % beim globalen Mittelwert liegt.
- Unterdurchschnittliche Bevölkerungszunahmen verzeichneten Ostasien (+117 %, was noch immer mehr als eine Verdopplung bedeutet!), Nordamerika (+85 %), die ehemalige Sowjetunion (+63 %) und Europa (+30 %).

4 Bevölkerungsentwicklung nach demographischen Komponenten

Die Bevölkerungen der Kulturerdteile sind, auch wenn sie zum Teil ähnlich groß sind, in ihrer altersmäßigen Zusammensetzung recht verschieden. Die **Altersstruktur** besitzt eine interessante Doppelfunktion: Einerseits ist sie Ergebnis und Indikator der bisherigen Dynamik, andererseits Ausgangsbasis der künftigen Entwicklung. Aus diesem Grund soll die heutige Altersstruktur als Einstieg in dieses Kapitel dienen. Danach wird die Bevölkerungsentwicklung im Zeitraum 1950 – 2000 anhand der einzelnen demographischen Komponenten, soweit möglich, analysiert. Die Daten in diesem Kapitel beziehen sich nicht auf ganze Subkontinente, sondern auf das jeweils größte Land jedes Kulturerdteils und gegebenenfalls auch auf ein weiteres größeres Land, wenn die demographische Entwicklung dort wesentlich vom größten Land abweicht (z.B. in Ostasien: nicht nur China, sondern auch Japan).

4.1 Die Altersstruktur der Bevölkerung im Jahr 2000

Karte 1 zeigt für jeden Kulturerdteil **repräsentative Alterspyramiden** der Bevölkerung zum gegenwärtigen Zeitpunkt *(zur Benennung und Interpretation der verschiedenen Formen von Alterspyramiden vgl. LEIB/MERTINS 1983, S. 86 f)*:

↪ Eine **„reine"** **Pyramidenform** mit geradlinigen Kanten, welche bei hoher Gebürtigkeit und einer ebenfalls hohen, früh einsetzenden Sterblichkeit entsteht, kommt heutzutage in keinem größeren Land der Erde mehr vor. Die **verbreitete Pyramidenform** – Indiz für hohe Gebürtigkeit bei bereits sinkender Sterblichkeit, v. a. bei Säuglingen und Kleinkindern – ist in Nigeria und in anderen subsaharischen Ländern sowie auf der arabischen Halbinsel (kein Beispiel dargestellt) anzutreffen.

↪ **„Fast-Pyramiden"** mit einer beginnenden Verschmälerung der Basis, ein Übergangstypus zwischen Pyramiden- und stationärer Form, kennzeichnen die Bevölkerungen des indischen Subkontinents (Beispiel Indien) und Nordafrikas (Beispiel Ägypten). In Mittelamerika hat die Verschmälerung der Basis bereits vor 20-25 Jahren allmählich eingesetzt (Beispiel Mexiko, mit geschwungener Kantenlinie ähnlich einem Tudor-Bogen). In Südostasien deutet der Knick in der Kantenlinie auf einen eher plötzlichen Einbruch der Geburtenzahlen vor etwa 20 Jahren hin (Beispiel Indonesien).

↪ Die **klassische Birnenform**, d. h. eine ehemalige Pyramide mit eindeutig schmäler gewordener Basis, besitzen zum gegenwärtigen Zeitpunkt die Bevölkerungen von Brasilien und der Türkei (ähnlich: Iran), wo jeweils die 15- bis 19-jährigen die stärksten Altersjahrgänge bilden. Dieser Typus ist Indiz für einen raschen und sehr nachhaltigen Bevölkerungsrückgang nach starker Zunahme *(vgl. LEIB/MERTINS 1983, S. 87)*. Diesem Typ kann man auch die Altersstruktur Chinas zurechnen, wo es allerdings bereits zwei Knicke in der Kantenlinie gibt und die 30- bis 34-jährigen die stärkste Altersgruppe darstellen.

↪ Der **Urnenform** entspricht am ehesten die Altersstruktur der australischen Bevölkerung und in etwa auch jene der USA, wobei die stärksten Besetzungen in beiden Ländern in relativ jungen Jahren (um 40/45) auftreten.

↪ Der **Tropfenform** mit seit mehreren Jahrzehnten stark geschmälerten Altersjahrgängen nähern sich die meisten Länder in Europa (Beispiel Deutschland, ähnlich: Österreich), ebenso Japan und – seit kürzerer Zeit – Russland und seine europäischen GUS-Nachbarn Ukraine und Weißrussland. In Deutschland und Russland beträgt das Zahlenverhältnis zwischen dem jüngsten (0- bis 4-jährige) und dem stärksten Altersjahrgang (um 40 Jahre) 1 : 2, in Japan etwa 1 : 1,7.

Abschließend erscheint es bemerkenswert, dass **in keinem größeren Land der Erde** die Alterspyramide derzeit die **stationäre Form** besitzt, welche entstehen würde, wenn mehrere Jahrzehnte hindurch jeder neugeborene Jahrgang ungefähr so stark wie der vorhergehende ist. Ebensowenig treten Pyramiden mit **Glockenform** auf, die auf steigende Geburtenzahlen nach anhaltend niedrigen Sterbe- und Geburtenraten hindeuten würden.

4.2 Die Komponenten des Bevölkerungsprozesses

In der klassischen Demographie unterscheidet man vier Komponenten des Bevölkerungsprozesses *(vgl. ESENWEIN-ROTHE 1982, S.143 ff)*: Die gegenwärtige und zukünftige Bevölkerungsentwicklung wird nach übereinstimmender Ansicht der Demographen vor allem durch die **Natalität** (Geburtenverhalten) und Fruchtbarkeit bestimmt. Die **Mortalität** hat zwar gegenüber früher durch den globalen Rückgang der

Säuglings-, Kinder- und Erwachsenensterblichkeit etwas an Bedeutung verloren; sie beeinflußt den Bevölkerungsprozeß jedoch weiterhin wesentlich, und zwar global durch die Verlängerung der mittleren Lebenserwartung, aber auch durch unerwartete Mortalitätszunahmen in einigen Großräumen der Erde *(vgl. unten).* – Die **Nuptialität** hingegen hat nach einhelliger Meinung der neueren Demographie an Bedeutung für die Bevölkerungsentwicklung verloren, da sich Heirats- und Fortpflanzungsverhalten zunehmend voneinander abkoppeln und sich die Fruchtbarkeit verheirateter und unverheirateter Frauen aneinander angleicht *(vgl. u.a.* BÄHR *1992,* TRICOT *1995,* MUELLER *2000).* Die **Migration** spielt weiterhin eine große Rolle, gerade auch im internationalen und interkontinentalen Maßstab. Leider ist die Qualität der verfügbaren Migrationsdaten auf dieser Ebene sehr gering. Die in den eingangs genannten statistischen Quellen ausgewiesenen Migrationssalden sind vielfach nichts anderes als die errechnete Differenz zwischen der (aus Volkzählungen geschätzten) Gesamtveränderung und dem (aus Geburten- und Sterbestatistik geschätzten) natürlichen Bevölkerungswachstum *(vgl. UN Population Division 1993: World Population Prospects, S. 83).* Daher muss eine direkte Analyse der Migration leider unterbleiben.[1]

4.2.1 Die Entwicklung der Geburten- und Sterbeziffern 1950 bis 2000

Bevor auf die Entwicklung der **Geburten- und Sterbeziffern** im Zeitraum 1950 bis 2000 eingegangen wird, ist darauf hinzuweisen, dass beide Maßzahlen auf die Gesamtbevölkerung bezogen sind. Daraus folgt, dass in stark wachsenden Bevölkerungen ein Absinken der Geburtenziffer nicht auch ein Absinken der absoluten Geburtenzahl bedeutet. Wenn sich z.B. die Bevölkerung im Zeitraum 1950 bis 2000 verdreifacht hat, bedeutet eine Halbierung der Geburtenziffer noch immer eine Absolutzunahme der Geburten um 50 %.

Karte 2 zeigt in Form einfacher Diagramme den **Verlauf der Natalitäts- und Mortalitätsentwicklung** in den wichtigsten Ländern der Erde im letzten halben Jahrhundert. Bei der vergleichenden Analyse der Diagramme seien zunächst die Geburten- und Sterberaten getrennt betrachtet; danach werden beide zusammen anhand des **deskriptiven Modells des „demographischen Übergangs"** analysiert.

Die **Geburtenziffern** waren vor einem halben Jahrhundert in allen Kulturerdteilen und in allen dargestellten Ländern höher als heute. In den weniger entwickelten Ländern lag das Ausgangsniveau (1950-55) in allen betreffenden Kontinenten erstaunlich einheitlich zwischen 40 und 50 Promille. Der Rückgang war am geringsten in Schwarzafrika (Beispiel Nigeria, von 44 auf 39), am stärksten in China (von 44 auf 17). Auch in zahlreichen Ländern Lateinamerikas (wie Brasilien: von 44 auf 20) und Vorderasiens (Türkei: von 48 auf 22) ging die Geburtenziffer auf weniger als die Hälfte zurück. In den (aus heutiger Sicht) „entwickelten" Ländern lag das Ausgangsniveau 1950 wesentlich niedriger: in den USA, Japan, Australien und auch in Russland bei 23 bis 24 Promille, in den europäischen Ländern nur zwischen 15 und 20. Trotz des niedrigen Ausgangsniveaus war der Rückgang auch in diesen Ländern stark und betrug in den USA, Europa und Australien etwa 42 – 47 %, in Japan und Russland sogar fast 60 % (von 24 auf 10).

---

[1] *In der Terminologie folgt dieser Betrag der Mehrzahl der deutschsprachigen demographischen Handbücher und übersetzt das englische Wort ‚fertility' mit „Fruchtbarkeit". Das deutsche Wort „Fertilität" bezeichnet laut U.* MUELLER *(2000, S. 61) die Fortpflanzungsfähigkeit im biologisch-medizinischen Sinne, nicht das Geburtenverhalten.*

Die **Sterbeziffern** lagen 1950-55 in Südostasien und Schwarzafrika mit 26 bis 27 Promille am höchsten, knapp gefolgt von China und Indien mit 26 und dem Orient mit 24. In Lateinamerika lag die Sterberate damals bereits bei nur 16 bis 18. Der Rückgang bis heute war in Schwarzafrika am geringsten (Nigeria: von 27 auf 15), in den übrigen Entwicklungsländern betrug er durchwegs mindestens die Hälfte (z. B. Brasilien: von 16 auf 8 Promille) bis über zwei Drittel (China: von 26 auf 7, Orient von 24 auf 7). Somit liegen die Sterberaten der Entwicklungsländer mit Ausnahme Schwarzafrikas heute durchaus auf oder sogar unter dem Niveau der Industrieländer. Damit verbunden beträgt die mittlere Lebenserwartung bei Geburt in den meisten Kulturerdteilen heute bereits über 70 Jahre, nur in Schwarzafrika liegt sie noch wesentlich darunter (zumeist unter 55 Jahre).
- In zwei Kulturerdteilen jedoch folgte die Sterblichkeit im letzten Jahrzehnt des 20. Jahrhunderts nicht dem globalen Abwärtstrend. In den meisten Ländern **Schwarzafrikas** stieg sie infolge der **AIDS-Pandemie** wieder an, was sich auch in Nigeria in einem Rückgang der durchschnittlichen Lebenserwartung von 53,3 Jahren 1995 auf 51,5 Jahre derzeit (2000) äußert; in anderen subsaharischen Ländern ist der Einfluss der HIV-Infizierung auf die Sterblichkeit noch größer. Hierzu liegen eingehende Untersuchungen u.a. der UN Population Division und im Rahmen des übergreifenden MAP-Programms vor, auf welche hier verwiesen sei *(MAP 2000)*.
- Eine weitere Sonderentwicklung ist in **Russland** zu beobachten: Hier steigt seit 1990 (Ende des Kommunismus) die Mortalität wieder an und erreichte 1995-2000 den traurigen Spitzenwert von 14 Promille, was vor allem auf eine gestiegene Sterblichkeit der Männer zurückzuführen ist, bei denen Alkoholismus und Gewalttaten als Todesursache zu Buche schlagen *(vgl. DUMONT 1995, S. 101 f)*. Die Lebenserwartung fiel in Russland von 68,6 Jahren 1990 auf 64,3 Jahre 1995, bei den Männern im selben Zeitraum sogar von 63,4 auf 57,7 Jahre; auch im Jahr 2000 liegt die Lebenserwartung noch unter dem Wert von 1990 *(vgl. U.S. Bureau of the Census, International Data Base, 2000)*.

Wenn man die Geburten- und Sterbeziffer gemeinsam betrachtet, kann man zunächst den Abstand der beiden Kurven, der die **natürliche Zunahmerate der Bevölkerung** darstellt, analysieren.
- Diese Rate ist in **Schwarzafrika** (Beispiel Nigeria) von 1950 bis 2000 noch gestiegen. In allen anderen Kulturerdteilen ist die natürliche Wachstumsrate zurückgegangen, und zwar am stärksten in Südamerika (z.B. Brasilien: von 28 auf 12 Promille), am geringsten in Indien (von 18 auf 16) und in Nordafrika (von 25 auf 19).
- In den **USA** und in **Australien** sank die natürliche Zunahmerate von 14 auf 5 bis 6 Promille.
- Völlig zum Erliegen kam die natürliche Zunahme, trotz gestiegener Lebenserwartung, in Japan; ebenso in Deutschland, wo seit 1970 ein Sterbeüberschuss besteht, der bisher noch durch einen Zuwanderungsüberschuss ausgeglichen wird; in Österreich und Südeuropa setzte der Sterbeüberschuss etwas später ein. In wesentlich größerem Ausmaß besteht ab 1990 ein Sterbeüberschuss in Russland, wo trotz der Zuwanderung von Russen aus anderen ehemaligen Sowjetrepubliken die Gesamtbevölkerung seither zurückgeht.

Abschließend soll der Verlauf der beiden Kurven vor dem Hintergrund der ‚demographic transition' interpretiert werden.
- Die „**Öffnungsphase der Bevölkerungs-Schere**", also ein Absinken der Sterbeziffer bei gleichbleibender Geburtenziffer, war um 1950 noch in drei Kulturerdteilen

zu beobachten: in Schwarzafrika (hier haben die Geburtenziffern sogar nach 1950 noch zugenommen), in Lateinamerika und Südostasien (in den dortigen Ländern dauerte die Phase gleichbleibender Geburtenziffern unterschiedlich lange, z. T. bis 1965, z. T. bis 1975).

- Danach setzte in den meisten Entwicklungsländern nicht sofort die **Phase des „Schließens der Schere"** ein; dies war nur in Lateinamerika der Fall. In den übrigen wenig entwickelten Kulturerdteilen begann vielmehr eine längere Phase des parallelen Rückgangs von Geburten- und Sterbeziffer, die in Schwarzafrika mehr oder minder bis heute fortdauert. Das Schließen der Schere steht auf dem indischen Subkontinent erst am Anfang, ist jedoch in Südostasien und im Orient (in geringerem Ausmaß auf der arabischen Halbinsel) bereits in vollem Gang. In China, das mit dem steilsten Abfall der Sterblichkeit und stark schwankenden Geburtenziffern eine Sonderentwicklung zeigt, ist das Schließen der Schere am weitesten fortgeschritten.

- Die **entwickelten Länder** befinden sich durchwegs in der **Phase nach der „industriellen Bevölkerungsweise"** (nach MACKENROTH), wobei ein derart lange andauerndes Absinken der Geburtenziffer unter die Sterbeziffer, wie es nunmehr in einigen europäischen Staaten und Russland auftritt, im klassischen Phasenmodell des demographischen Übergangs nicht vorgesehen war. Es stellt ein Novum in der neuzeitlichen Bevölkerungsgeschichte dar.

5 Geographische Differenzierung der Fruchtbarkeits- und Reproduktivitätsentwicklung

5.1 Entwicklung der Fruchtbarkeit 1950 – 2000

Noch in den siebziger Jahren des nunmehr abgelaufenen Jahrhunderts herrschte unter den Demographen praktisch Einhelligkeit darüber, dass das damals beobachtete **Absinken der Fruchtbarkeit deutlich unter das Ersatzniveau** nur ein vorübergehendes Phänomen sei. Inzwischen mussten sie aber feststellen, dass diese 'below replacement fertility' nicht nur andauert, sondern an Intensität und Verbreitung gewonnen hat. Das folgende Zitat aus einem Kommuniqué der UN Population Division 1998, kurz vor dem Erscheinen der neuesten Revision der 'World Population Prospects', drückt diese Überraschung aus: „In einer Reihe von Ländern (Bulgarien, Tschechische Republik, Estland, Deutschland, Griechenland, Italien, Lettland, Rumänien, Slowenien, Spanien) beträgt die TFR 1,3 Kinder pro Frau oder noch weniger – ein Wert, den man eine Generation zuvor noch kaum für möglich gehalten hatte." *(http://www.popin.org/pop1998/7.htm)*. Im deutschsprachigen Raum wurde die Problematik, abgesehen von einigen Tagungen und wenigen Publikationen *(z.B. THOMAS 1995)*, kaum thematisiert. Ein wesentlich stärkeres Interesse der Öffentlichkeit besteht hierfür in Frankreich, wie u.a. ein Artikel in der Tageszeitung ‚Le Monde' vom Oktober 1996 illustriert *(DUFOUR 1996)*. Allerdings beziehen sich die dortigen Aussagen ebenso wie die oben zitierten der UN Population Division nur auf die Gesamt-Fruchtbarkeitsrate (TFR), welche wie erwähnt keine direkten Aussagen über die Reproduktivität und langfristige Bevölkerungsentwicklung ermöglicht. Wenn man die Werte von Abb. 1 bis zum Jahr 2000 gemäß den 'medium variant projections' der UN (ebenda) extrapoliert, ging in den Entwicklungsländern von 1950 bis 2000 die Zahl der Kinder pro Frau von 6,2 auf etwa 2,9 zurück, und in den entwickelten Ländern von 2,8 auf etwa 1,6. In der Summe der entwickelten Länder ist die TFR bereits 1975 unter den für diese Länder angenommenen 'replacement level' von 2,1 gefallen.

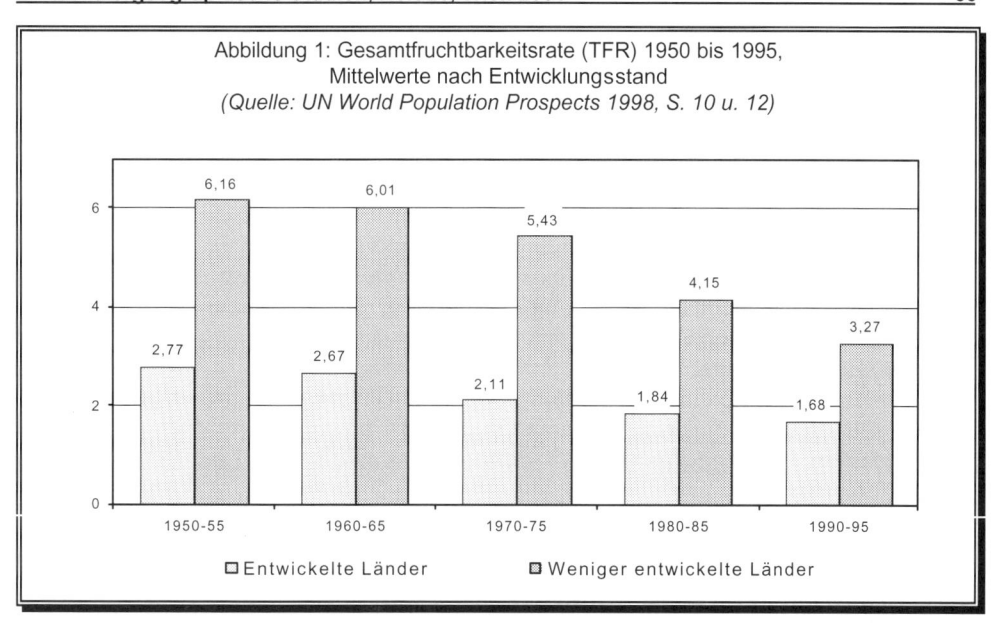

Abbildung 1: Gesamtfruchtbarkeitsrate (TFR) 1950 bis 1995,
Mittelwerte nach Entwicklungsstand
(Quelle: UN World Population Prospects 1998, S. 10 u. 12)

	1950-55	1960-65	1970-75	1980-85	1990-95
Entwickelte Länder	2,77	2,67	2,11	1,84	1,68
Weniger entwickelte Länder	6,16	6,01	5,43	4,15	3,27

An dieser Stelle ist nicht der Platz, um die **Gründe für diese historisch wahrscheinlich einmalig niedrige Fruchtbarkeit** zu erörtern. Man vergleiche hierzu z. B. die Ausführungen von J. BÄHR *(1992, S. 230 - 235, über die Gründe des Geburtenrückgangs in Deutschland)* oder jene von J.-C. CHESNAIS *(1996, mit weltweiter Zusammenschau)*. Es sei nur betont, dass diese Entwicklung für Demographen, welche nicht primär die Zunahmeraten, sondern die echten Fruchtbarkeits- und Reproduktionsraten beobachteten, nicht unerwartet kam. Einer der ersten Autoren, der diese Entwicklung voraussah, war J. Bourgeois-Pichat, der bereits 1988 aufgrund von Modellrechnungen einen drastischen Rückgang der Bevölkerung in Europa nach der Jahrtausendwende plausibel machte *(BOURGEOIS-PICHAT 1988)*; ähnlich auch G.-F. Dumont in seiner Monographie über das „Festmahl des Kronos" *(DUMONT 1991)*.

5.2 Entwicklung der Reproduktivität 1950 – 2000

Da mit der Nettoreproduktionsrate eine anerkannte Maßzahl des Reproduktionsniveaus vorliegt, kann auf dieser Basis die **Entwicklung der Reproduktivität von 1950 bis heute** für alle Staaten der Erde nachgezeichnet und kartographisch dargestellt werden *(vgl. die Karten 3a bis 3d)*.

Karte 3a zeigt die **Nettoreproduktionsrate (NRR) für die Periode 1950-1955**, die damals im Mittel aller Kulturerdteile deutlich über 1 betrug, und wenn man von Europa, der damaligen Sowjetunion und Japan absieht, auch fast überall über 1,2.
- Besonders **hohe NRR-Werte** über 2,0 – was mehr als eine Verdoppelung der Bevölkerung im Abstand von nur einer Generation bedeutet – gab es im ganzen Kulturerdteil Orient und in Mittel- und Südamerika (außer dessen Südteil), ebenso in den südostasiatischen Ländern Thailand, Philippinen und Malaysia. In Schwarzafrika hatten damals nur wenige Länder dieses höchste Niveau der Reproduktivität (Südafrika und seine zwei nördlichen Nachbarn, dazu Kenia, Uganda, Madagaskar und Ghana). Im Gebiet der Sowjetunion gab es eine derart hohe Reproduktivität in den islamischen Ländern Mittelasiens, in Europa nur in Albanien.

- In den meisten übrigen Ländern bzw. Kulturerdteilen lag die **Nettoreproduktionsrate zwischen 1,2 und 2,0**. In der oberen Hälfte dieses breiten Bereichs bewegte sich das Reproduktionsniveau der zwei Bevölkerungsgiganten China (NRR 1,85) und Indien (NRR 1,63; dazu Pakistan 1,83 und Bangladesh 1,93). Nur wenig darunter lagen die NRR-Werte in Nordamerika (USA 1,60; Kanada 1,70). In der unteren Hälfte des Bereichs, etwa zwischen 1,55 und 1,2, lagen die Werte im südlichen Südamerika, in Australien und in mehreren Ländern West- und Ostmitteleuropas, deren größtes Frankreich war (mit einer NRR von 1,26).
- Ein Reproduktionsniveau knapp **über dem 'replacement level'** (NRR 1,0 bis 1,2) besaßen damals nur die meisten übrigen europäischen Staaten (Großbritannien, Italien, Spanien, Schweden und Norwegen), weiters Russland und die anderen slawischen Länder der damaligen Sowjetunion sowie Japan.
- Nur ganz wenige Länder hatten 1950-55 eine **NRR unter 1**, nämlich Deutschland, Österreich, Finnland, Estland, Lettland und Bulgarien. Das Phänomen einer 'below replacement fertility' war also auf einzelne Staaten Mittel- und Osteuropas beschränkt.

Fünfzehn Jahre später, im **Jahrfünft 1965-70**, hat sich das weltweite Muster der Fruchtbarkeit und Reproduktion stark gewandelt, wie Karte 3b zeigt. Die wesentlichen Veränderungen gegenüber 1950-55 sind:
- Eine **Erhöhung des Reproduktionsniveaus** auf NRR-Werte über 2,0 in China und in zahlreichen süd- und südostasiatischen Ländern: Pakistan, Bangladesh, Burma, Kambodscha und Vietnam. Eine ähnliche Erhöhung war in den meisten westafrikanischen und ostafrikanischen Ländern eingetreten, so dass im Großteil des subsaharischen Afrika außer einigen Ländern (Zaire, Angola) das Reproduktionsniveau bereits die höchste Stufe erreicht hatte. – In Nordamerika hingegen war die NRR auf knapp 1,2 zurückgegangen.
- Die **stärksten Veränderungen** zwischen 1950-55 und 1965-70 sind in den zwei Kulturerdteilen **Europa** und (ehemalige) **Sowjetunion** zu konstatieren. In Europa gab es zwei gegenläufige Tendenzen: einerseits einen Fruchtbarkeitsrückgang in Ostmittel- und Nordeuropa, andererseits eine gewisse Stabilisierung der Reproduktivität in Mittel- und Südeuropa. Im einzelnen fiel die NRR in Schweden, im tschechischen Teil der damaligen CSSR, in Ungarn und Kroatien unter den 'replacement level', während die NRR in Deutschland und Österreich damals knapp und in Spanien sogar deutlich darüber lag. Wie bekannt, haben kurz vor dem betrachteten Zeitraum, um 1964/65, die west- und mitteleuropäischen Länder ihr Nachkriegs-Geburtenmaximum (Baby-Boom-Jahre) erlebt.
- In **Russland** und der **Ukraine** war in den Jahren 1965-70 die Reproduktivität schon **unter den 'replacement level'** gefallen (NRR um 0,95), ebenso in Japan, wo der NRR-Wert schon ab 1955 unter 1 gelegen war.
- Nur wenig Änderungen im Reproduktionsniveau gab es zwischen 1950-55 und 1965-70 in den Ländern Lateinamerikas, in Australien und Ozeanien sowie in den meisten mittelasiatischen und transkaukasischen Sowjetrepubliken. In diesen Ländern blieb die NRR auf dem bisherigen hohen bis sehr hohen Niveau.

Im **Jahrfünft 1980-85**, also im Abstand einer Generation vom hier betrachteten Ausgangszustand, sehen wir folgendes Verteilungsbild (vgl. Karte 3c):
- Die '**below replacement fertility**' hat sich auf fast ganz **Europa** und darüber hinaus nach **Nordamerika** und **Australien/Neuseeland** ausgedehnt. In den übrigen Kulturerdteilen, mit Ausnahme von Schwarzafrika, ist die Fruchtbarkeit ebenfalls

zurückgegangen. Dabei treten in einigen Ländern erstmals extrem niedrige Nettoreproduktionsraten unter 0,8 auf: ein „Korridor" derart niedriger Fruchtbarkeit zieht sich quer durch Europa von Schweden über Dänemark, die Benelux-Länder, Deutschland, Österreich und die Schweiz bis Italien. Auch im Großteil des übrigen Europa ist die NRR innerhalb eines Jahrzehnts – in den meisten Ländern war es zwischen 1970 und 1980 – unter den 'replacement level' gefallen. Länder mit NRR-Werten über 1,0 bilden bereits die Ausnahme und finden sich nur in Ostmittel- und Südosteuropa (Polen, Slowakei, Rumänien, heutiges Jugoslawien, Albanien) und an der westlichen Peripherie des Kontinents (Irland, Island).

- In **Nordamerika** ist die Reproduktivität deutlich **unter den ‚replacement level'** gefallen (in den USA auf 0,87, in Kanada sogar auf 0,79), ebenso in Australien und Neuseeland. Auf den Karibikinseln gab es z. T. spektakuläre Rückgänge (Kuba: 1,93 ? 0,86). Auch im übrigen Lateinamerika gingen die Nettoreproduktionsraten auf breiter Front zurück, Werte über 2,0 trifft man 1980-85 nur noch in einigen kleineren Ländern Mittel- und Südamerikas an.

- Die wohl **drastischste absolute Veränderung** vollzog sich in **China**, wo die NRR gegenüber jener 15 Jahre zuvor auf weniger als die Hälfte zurückging (von 2,44 auf 1,12), was nur durch staatlich verordnete Familienplanung möglich war. Hingegen veränderte sich die Reproduktivität auf dem indischen Subkontinent nur wenig (in Indien von 1,87 auf 1,67; Pakistan: 2,31 ? 2,49, Bangladesh: 2,24 ? 2,27). In Südostasien wiederum ging die NRR schon deutlich zurück (in Indonesien von 1,86 auf 1,63; am stärksten in Thailand: von 2,47 auf 1,29, was der Entwicklung in China kaum nachsteht).

- In **Vorderasien** und **Nordafrika** erkennt man beim Vergleich der Karten Rückgänge der NRR in den zwei bevölkerungsreichsten Ländern Türkei (2,12 ? 1,74) und Ägypten (2,28 ? 1,95). In **Schwarzafrika** erhöhte sich die Reproduktivität in Summe noch etwas (z. B. in Nigeria von 2,15 auf 2,32, auch in den zentralafrikanischen Ländern erreicht die NRR jetzt über 2,0). Einen anhaltenden Rückgang erkennt man zu diesem Zeitpunkt nur in Südafrika (2,09 ? 1,77).

Karte 3d schließlich zeigt den Stand des Reproduktionsniveaus in den Ländern der Erde im **letzten Jahrfünft des 20. Jahrhunderts** (1995–2000), auf Basis aktueller Schätzungen der UN (UN Population Division, 1999).

- Das Auffälligste ist, dass **NRR-Werte unter 1,0** heute nicht mehr auf den entwickelten Teil der Erde beschränkt sind, sondern auch schon in Entwicklungsländern auftreten. Der **Rückgang im Reproduktionsniveau** hat **alle Kulturerdteile**, auch **Schwarzafrika**, erfasst.

- **Nettoreproduktionsraten über 2** (d.h. mehr als Verdoppelung der Bevölkerung im Generationenabstand) sind nur noch in Schwarzafrika und in Vorderasien anzutreffen, aber auch dort auf die Sahelländer, das Horn von Afrika und das südliche Zentral- und Ostafrika bzw. auf die arabische Halbinsel und Pakistan/Afghanistan beschränkt. Im bevölkerungsreichsten Land des subsaharischen Afrika, Nigeria, beträgt die NRR noch 1,89, in Südafrika nur noch 1,39.

- In **Nordafrika** und in **Vorderasien** außerhalb der arabischen Halbinsel ist die **NRR durchwegs unter 2,0** (Türkei und Tunesien schon unter 1,2) gesunken, ebenso in Lateinamerika (in Brasilien und Chile schon unter 1,2). Eine 'below replacement fertility' gibt es in diesem Kulturerdteil bisher nur auf Kuba, Trinidad und einigen kleinen Karibikinseln.

- In **Südasien** liegt die NRR in Indien und Bangladesh um 1,3, in Sri Lanka bei 0,99. In Ostasien wird für China eine NRR von 0,80 geschätzt, der Wert für Japan und

Südkorea beträgt 0,69 bzw. 0,75. In Südostasien ist die Fruchtbarkeit nicht nur in Thailand und Singapur (NRR um 0,8, in Singapur schon seit 1980), sondern auch in Myanmar unter den 'replacement level' gesunken, in Indonesien und Vietnam auf 1,15, auf den Philippinen, in Malaysia und Kambodscha auf 1,5 bis 1,7.

- In **Nordamerika** und in **Australien** erscheinen die Verhältnisse auf der Karte gleich wie 15 Jahre zuvor; allerdings gab es in den USA einen Anstieg der NRR auf 0,96, während sie in Kanada auf „europäisches" Niveau (0,74) absank.
- In **Europa** besitzen die meisten Länder im letzten Jahrfünft **eine NRR zwischen 0,5 und 0,8.** Knapp darüber liegt die Reproduktivität – abgesehen von Albanien (1,1) und Island (1,0) – nur in Frankreich, Großbritannien, Dänemark, Norwegen, Finnland, Jugoslawien und Irland mit Werten von 0,82 bis 0,91. Die niedrigsten NRR-Werte wurden für Spanien und Rumänien (je 0,55), Italien und Tschechien (je 0,57), Bulgarien, Lettland, Estland, Slowenien und Griechenland (0,59 bis 0,61) und für Deutschland (0,63) errechnet. Österreich liegt mit 0,68 etwa im europäischen Mittelfeld, ähnliche Werte weisen Portugal, Ungarn, die Slowakei, Litauen und die Schweiz auf.
- Ebenso niedrig wie im Kulturerdteil Europa liegt heute die NRR auch in **Russland** (0,64) und den benachbarten GUS-Ländern Ukraine und Weißrussland (0,64 bis 0,65). Alle genannten Länder haben derzeit ein Reproduktionsniveau, bei dem die heutige Generation nur mehr zur Hälfte bis maximal zwei Drittel durch die Folgegeneration ersetzt wird.

6 Zusammenfassung und Ausblick

Die weltweite Analyse der Reproduktivität in den vier Perioden 1950-55, 1965-70, 1980-85 und 1995-2000 hat ergeben, dass sich die **'below replacement fertility'** nach Art einer **Innovations-Diffusion** von Jahr zu Jahr über die Erde ausgebreitet hat. Diese Ausbreitung wurde in vier Querschnitts-Karten (Karten 3a bis 3d) dargestellt. Ein weiteres wesentliches Ergebnis ist, dass es trotz einer vorübergehenden Wiedererhöhung der Nettoreproduktionsrate in einzelnen Ländern – in Schweden und USA stieg zwischen 1980 und 1995 die NRR jeweils von etwa 0,85 auf etwa 0,96 – praktisch **nirgends zu einer nachhaltigen Trendumkehr der Fruchtbarkeit** gekommen ist (Die einzigen Gegenbeispiele sind Neuseeland und Estland, also Kleinstaaten, bei denen einige Perioden hindurch die NRR um 1,0 oszillierte.) Es kann somit als historische Tatsache gelten, dass das Eintreten einer Bevölkerung in die Unterfruchtbarkeit in der zweiten Hälfte des 20. Jahrhunderts bisher überall irreversibel war.

Karte 4 zeigt den **Beginnzeitpunkt** und die **Andauer** der **'below replacement fertility'** für die einzelnen Länder. Für die Erarbeitung dieser Karte wurden alle zehn Fünfjahresperioden zwischen 1950 und 2000 und die Vorausschätzungen der NRR für den Zeitraum 2000-2005 verwendet, um jene Länder zu identifizieren, die gerade jetzt um das Jahr 2000 in die Phase der 'below replacement fertility' eintreten.

- Drei Länder, **Japan**, **Ungarn** und **Lettland,** haben bereits **seit 1950 oder 1955**, also durch 45 oder 50 Jahre, **ununterbrochen eine Fruchtbarkeit unter dem Generationenersatzniveau:**. In fünf weiteren Ländern, nämlich Russland, der Ukraine, Kroatien, Schweden und Finnland, dauert die 'below replacement fertility' seit 1960 oder 1965 an.
- Seit dem Jahr 1970, also bereits **30 Jahre lang**, verharrt die Fruchtbarkeit in **Deutschland**, den **Benelux-Staaten**, **Großbritannien** und **Österreich**, aber auch

in den **USA** unterhalb des Generationenersatzes. Fünf Jahre später, 1975, traten Italien und Frankreich, Norwegen, Weißrussland, Kanada, Australien und Kuba in diese Phase ein.

- Entweder **1980 oder 1985** begann die Phase der 'below replacement fertility' in Spanien, Griechenland, Bulgarien, der Tschechischen Republik, Litauen und Südkorea. Um das Jahr 1990 sinkt in China die Nettoreproduktionsrate unter 1,0, ebenso in Thailand, Polen, der Slowakei, Rumänien, Jugoslawien, Makedonien, Georgien und Irland.
- Im Jahr 1995 begann die 'below replacement fertility' in **Aserbaidschan, Armenien, Sri Lanka, Myanmar** und **Nordkorea**. Schließlich rechnet die UN Population Division, dass im laufenden **Jahr 2000 Brasilien und Kasachstan** in diese Phase eintreten.

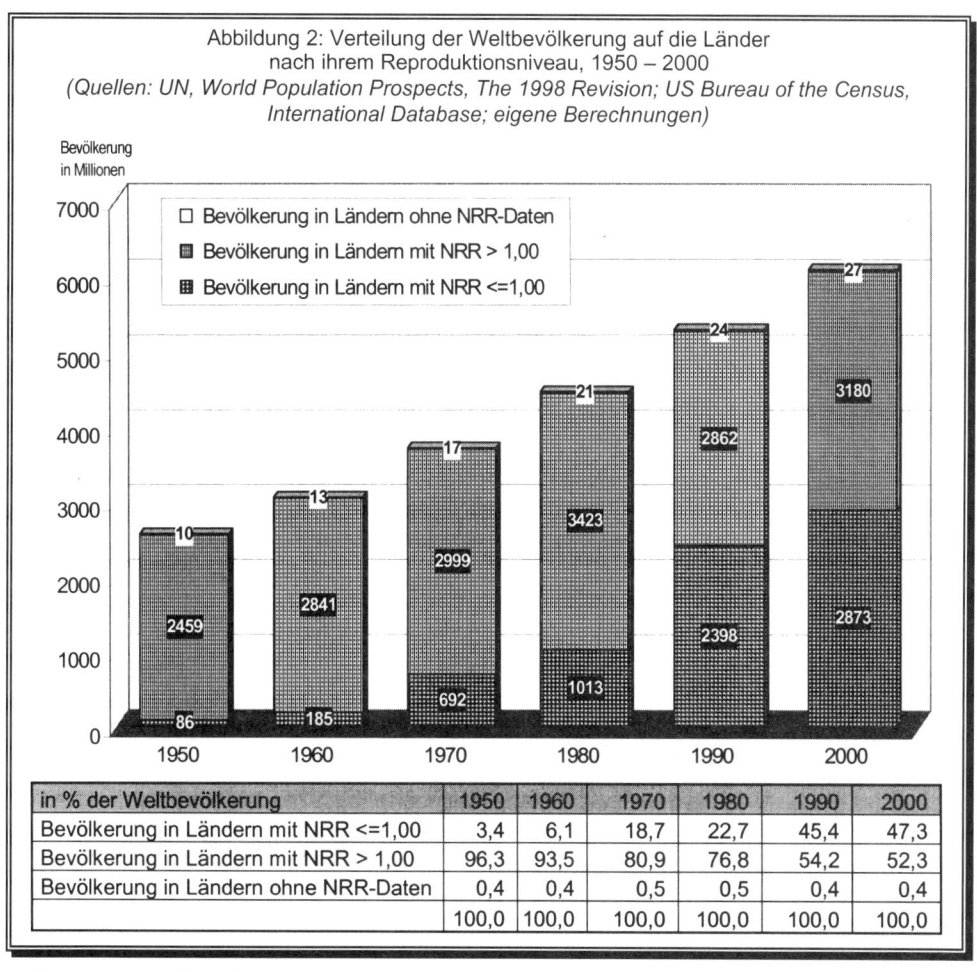

Abbildung 2: Verteilung der Weltbevölkerung auf die Länder nach ihrem Reproduktionsniveau, 1950 – 2000
(Quellen: UN, World Population Prospects, The 1998 Revision; US Bureau of the Census, International Database; eigene Berechnungen)

in % der Weltbevölkerung	1950	1960	1970	1980	1990	2000
Bevölkerung in Ländern mit NRR <=1,00	3,4	6,1	18,7	22,7	45,4	47,3
Bevölkerung in Ländern mit NRR > 1,00	96,3	93,5	80,9	76,8	54,2	52,3
Bevölkerung in Ländern ohne NRR-Daten	0,4	0,4	0,5	0,5	0,4	0,4
	100,0	100,0	100,0	100,0	100,0	100,0

Fasst man die **Entwicklung der Fruchtbarkeit und Reproduktivität** im letzten halben Jahrhundert in ihren Auswirkungen auf die Gesamtbevölkerungsentwicklung zusammen, so zeigen sich folgende Trends:

1. Die **Fruchtbarkeit ist überall auf der Erde zurückgegangen**, wobei aber hinsichtlich Zeitpunkt und Ausmaß des Rückgangs **große Unterschiede zwischen**

den Kulturerdteilen bestehen, die durch ihre jeweilige Position im demographischen Übergang bedingt sind.
2. Der globale Fruchtbarkeitsrückgang hat bereits zu einer **Verlangsamung des Weltbevölkerungswachstums** nicht nur in relativen, sondern auch in absoluten Zahlen geführt. Das jährliche Bevölkerungswachstum, das zwischen 1950 und 1951 rund 38 Millionen ausmachte, hat zwischen 1989 und 1990 mit 87 Millionen sein Maximum erreicht und betrug von 1999 auf 2000 nur noch 77 Millionen *(U.S. Bureau of the Census, International Data Base, 2000)*.
3. Wegen der Phasenbedingtheit, der global fast gleichzeitig ablaufenden Verlängerung der Lebenserwartung und wegen der inhärenten **Trägheit des Bevölkerungsprozesses** schlägt sich der Fruchtbarkeitsrückgang in zahlreichen Ländern der Dritten Welt bisher noch nicht in rückläufigen absoluten Zunahmen nieder. Die künftige Verlangsamung ist aber sicher, weil die Folgegenerationen bereits kleiner sind und die Lebenserwartung nicht mehr im selben Ausmaß steigen wird. Dazu kommt in einigen Kulturerdteilen der schwer prognostizierbare Sondereinfluss der AIDS-Pandemie auf Sterblichkeit und Fruchtbarkeit.
4. In Japan, Russland und vielen europäischen Ländern dauert die „Unterfruchtbarkeit", die in diesem Beitrag durch eine Nettoreproduktionsrate kleiner als 1 gemessen wird, bereits drei oder mehr Jahrzehnte an. Die dadurch entstandenen **Lücken in der Basis der Alterspyramide** sind auch durch starke Zuwanderung nicht mehr aufzufüllen. Die Bevölkerungsabnahme hat in diesen Ländern bereits begonnen und wird sich nach der Jahrtausendwende sicher weiter verstärken.
5. Die '**below replacement fertility**' hat sich seit etwa 1960 in Form einer **Innovations-Diffusion** über die Erde ausgebreitet, ohne daß es in irgendeinem Land der Erde bisher zu einer wirklichen Trendumkehr gekommen ist. Etwa um das Jahr 2005 wird bereits mehr als die Hälfte der Weltbevölkerung in Ländern leben, deren Geburtenzahl zum Generationenersatz nicht ausreicht *(vgl. Abb. 2)*.

Aus dem Dargelegten ergibt sich, dass die aktuelle Weltbevölkerungsentwicklung auf keinen Fall einem exponentiellen Wachstumspfad folgt; **von einer „Bevölkerungsexplosion" kann keine Rede mehr sein**. „Nicht exponentielles Bevölkerungswachstum wird die eigentliche Herausforderung des 21. Jahrhunderts sein, sondern im Gegenteil die Alterung der Bevölkerungsstruktur, die im Norden bereits im vollen Gange ist und sich auf den Süden ausdehnen wird" (DUMONT 1995, S. 105).

Quellen- und Literaturverzeichnis

Bähr, J. (1992): Bevölkerungsgeographie : Verteilung und Dynamik der Bevölkerung in globaler, nationaler und regionaler Sicht; 2. Aufl. Stuttgart : Ulmer (UTB-Taschenbuch 1249)
Bourgeois-Pichat, J. (1988): Du XXéme au XXIème siècle : l'Europe et sa population après l'an 2000. In: Population (Paris), vol. 43, no. 1, S. 9 – 44.
CELADE [Centro Latinoamericano y Caribeño de Demografía] (1998): La Transición Demográfica en América Latina. Santiago de Chile (Mimeo). Auch: http://www-eclac.org/Celade-Esp/SitDem/DE_SitDemTransDemDoc00e.html
CELADE [Centro Latinoamericano y Caribeño de Demografía] (2000): América Latina: Tablas de Mortalidad 1950–2050. In: Boletín Demográfico (Santiago de Chile) No. 67 (Jan. 2001), im Druck. Auch: http://www-eclac.org/Celade-Esp/bol67/DE_SitDemBD67.html
Chesnais, J.-C. (1992): The demographic transition : stages, patterns, and economic implications ; a longitudinal study of 67 countries covering the period 1720–1984. Oxford u.a. : Clarendon Press

Chesnais, J.-C. (1995): Das 20. Jahrhundert – Epoche der Entwicklung. In: Thomas, H., a.a.O., S. 149 – 167.

Chesnais, J.-C. (1996): Le crépuscule de l'Occident : dénatalité, condition des femmes et immigration. Paris : Laffont (Collection Pluriel)

Dufour, J.-P. (1996): Les démographes ne savent plus à quel credo se vouer. In: Le Monde (Paris), 31 Oct. 1996, S. 20.

Dumont, G.-F. (1991): Le festin de Kronos. Paris : Fleurus

Dumont, G.-F. (1992): Démographie. Paris : Dunod

Dumont, G.-F. (1995): Demographische Entwicklung – Zukunftsperspektiven der Kontinente. In: Thomas, H., a.a.O., S. 81 – 114.

Esenwein-Rothe, I. (1982): Einführung in die Demographie. Wiesbaden : F. Steiner

Geinoz, F. (1995): Bevölkerungswachstum oder Überalterung – Fakten und Theorie. In: Thomas, H., a.a.O., S. 59 – 79.

INED [Institut National d' Études demographiques] (1999): 1ères Rencontres Sauvy / Âge, génération et activité : vers un nouveau contrat social? (Tagungsprogramm und Beiträge) in: http://www.user.ined.fr/~mad/Rencontres-Sauvy-Paris/Actes/

Leib, J.; Mertins, G. (1983): Bevölkerungsgeographie. Braunschweig : Westermann (Das geographische Seminar)

Lévy, M. L. (1999): Tous les pays du monde (1999). In: INED, Population et Sociétés, No. 348, S. 2-4.

MAP [Monitoring the AIDS Pandemic Network] (2000): The Status and Trends of the HIV/AIDS Epidemics in the World, Provisional Report of the Symposium 5-7 July 2000 in Durban

Mueller, U. (2000): Die Maßzahlen der Bevölkerungsstatistik. In: Mueller / Nauck / Diekmann, a.a.O., Band 1, S. 1 – 91.

Mueller, U.; Nauck, B.; Diekmann, A. (Hg., 2000): Handbuch der Demographie, 2 Bände, Berlin: Springer

Newig, J. (1986): Drei Welten oder eine Welt: Die Kulturerdteile. In: Geographische Rundschau, 38. Jg., H. 5, S. 262 – 267.

Noin, D. (1991): Atlas de la population mondiale. Paris : La Documentation Française

Thomas, H. (Hg., 1995): Bevölkerung, Entwicklung, Umwelt. Herford : Busse + Seewald

Tricot, M. (1995): Fruchtbarkeit als Hauptfaktor demographischer Entwicklung. In: Thomas, H., a.a.O., S. 41 – 57.

U.S. Bureau of the Census, International Data Base (2000): „Summary Demographic Data"; „Online Demographic Aggregation". http://www.census.gov/ipc/www/idbnew.html (Last Update: 10-May-2000)

UN Population Division (1997): Fertility trends among low fertility countries. Mimeo, prepared for the Expert Group Meeting on Below-Replacement Fertility, New York, 4-6 November 1997 [Document UN/POP/BRF/BP/1997/1, October 1997, 12 S. Text + Tabellen]. Auch: http://www.undp.org/popin/wdtrends/gubhaju/cover1.htm

UN Population Division (1998): Demographic Yearbook / Annuaire démographique 1996; 48. edition. New York : United Nations.

UN Population Division (1999): World Population Prospects: The 1998 Revision. New York : United Nations.

HANDLUNGSTHEORETISCHE ANSÄTZE IN DER WIRTSCHAFTSGEOGRAPHIE
Eine Buchrezension

Albert HOFMAYER (Wien)

CHRISTINE VOGT **(1999): Guatemalas verbotene Ressourcen: Eine handlungstheoretische Untersuchung.** Innsbruck: Selbstverlag des Inst. f. Geographie der Universität, 174 Seiten (Innsbrucker Geographische Studien, Band 29) ISBN 3-901182-29-2

Die Arbeit ist die gedruckte Fassung einer von A. Borsdorf und W. Dietrich betreuten Innsbrucker Dissertation und wurde mit dem **Hans-Bobek-Preis 1999 der Österreichischen Geographischen Gesellschaft** ausgezeichnet.

Ausgangspunkt der Arbeit ist die Ansicht, daß **handlungstheoretische Ansätze** bisher in der Wirtschaftsgeographie wenig konstruktiv verarbeitet wurden, jedoch durchaus leistungsfähig wären. Ziel der Arbeit ist der Versuch, die **Interdependenz von sozialen und räumlichen Strukturen und menschlichem Handeln** in einem konkreten Land (Guatemala) zu beschreiben und zu erklären. Als methodologischer Leitfaden dient eine **geographisch ausgerichtete Weiterentwicklung der Handlungstheorie von Giddens** („Strukturationstheorie", zur Erklärung der gegenseitigen Bedingtheit individuellen Handelns und gesellschaftlicher Struktur).

Ein weiteres Ziel ist, aus den Ergebnissen der Untersuchung **Handlungsperspektiven für die betroffene Bevölkerung** zu entwickeln. Hierzu sagt die Autorin in erfrischender Klarheit: „Das Ziel der wissenschaftlichen Forschung ist die Verbesserung der Lebensumstände von Menschen, in dem Sinn, wie *sie* diese als verbessert verstehen würden. Das schließt ein, daß Forschung empfehlen kann, daß bestimmte Handlungen von bestimmten Machtpositionen aus unterlassen werden sollten" *(VOGT, S. 32)*.

Am Ende des Einleitungskapitels stellt die Autorin fünf **forschungsleitende Thesen** auf, die es wert sind, vollinhaltlich wiedergegeben zu werden:

„1. Die gegenwärtige wirtschaftliche und z.T. auch soziale Situation in Guatemala wird ursächlich davon beeinflußt, daß das **vorhandene Potential des Landes selek-**

tiv genutzt wird und dessen **Erträge nur einem begrenzten Personenkreis zur Verfügung stehen**.

2. Sowohl gesellschaftliche und wirtschaftliche Institutionen als auch subjektiv ausgerichtetes Handeln tragen dazu bei, daß **wirtschaftliche Ressourcen brach liegen und andere ungleich verteilt** sind.

3. Die Bezeichnung „**Verbotene Ressourcen**" erklärt sich aus dem je spezifischen **Zusammenwirken gesellschaftlicher Strukturen und individueller Handlungsstrategien**, sodaß der Großteil der gualtemaltekischen Bevölkerung ohne wirtschaftliche und soziale Handlungsfreiheit sein Leben gestalten muß.

4. Die Verflechtung gesellschaftlicher, individueller und räumlich-materieller **Handlungsbedingungen** und -folgen ist **konstitutiv für die Ausprägung bestimmter Wirtschaftsregionen**. Diese müssen unter Rückbezug auf das gesellschaftlich vermittelte Handeln von Akteuren unter nicht selbstbestimmten institutionellen und räumlichen Bedingungen definiert werden. Die darzustellenden Regionen sind daher raum-zeitlich flexible Gebilde, die sich jeweils über Handlungsvollzüge konstituieren und differenzieren.

5. Die wissenschaftliche Auseinandersetzung mit der **Entstehung solcher Wirtschaftsregionen** muß eine **Analyse institutioneller und subjektzentrierter Zwänge** einschließen. Eine Stellungnahme zu der wirtschaftlichen und sozialen Bedeutung des Handelns aus je unterschiedlichen Machtpositionen heraus ist Teil des handlungstheoretischen Ansatzes" (VOGT, S. 21).

Während die ersten drei Thesen spezifisch auf die Verhältnisse in einem stark polarisierten lateinamerikanischen Land abzielen, stellen die Thesen 4 und 5 nach Meinung des Rezensenten nicht weniger als ein „**Grundsatzprogramm**" einer **handlungstheoretisch orientierten Wirtschafts- und Regionalgeographie** dar.

Die Autorin hat drei Jahre als **Mitarbeiterin von Entwicklungshilfeprojekten** in Guatemala verbracht und Recherchen vor Ort sowie viele Gespräche mit Einheimischen aus verschiedenen Gesellschaftsschichten geführt Außer einem breiten Spektrum geographischer Literatur werden namhafte Autoren der Philosophie, Wirtschaftsgeschichte, Soziologie, Psychologie und (Alternativ-) Ökonomik herangezogen. Nicht nur die Zeitungsartikel, sondern auch ein wesentlicher Teil der wissenschaftlichen Arbeiten sind in spanischer Sprache bzw. in Lateinamerika erschienen.

Die Arbeit besteht aus folgenden Abschnitten.

In Kapitel 2 wird das der weiteren Untersuchung zugrundeliegende **Handlungsmodell** entwickelt. Nach Darlegung der Handlungsmodelle von WERLEN (1988) und GIDDENS (1992) wird unter Bezugnahme auf die Aktionsraumforschung (HÄGERSTRAND 1978, SEDLACEK 1988) ein eigenes „**integriertes Handlungsmodell des menschlichen Aktionsraumes**" vorgestellt (vgl. VOGT, S. 33). Es verknüpft die drei Bereiche individuelles Handeln, gesellschaftliches System (= soziale Handlungsfolgen) und geographisches Umfeld (= materielle Handlungsfolgen).

Kapitel 3 „**Institutionen und ihre Hüter**" beschreibt wichtige Strukturmerkmale des guatemaltekischen Wirtschaftslebens, wie die permanente Finanzkrise des Staates (die auf Spekulationen und eine diese kaschierende Währungspolitik zurückzuführen ist), aber auch die „Kriminalität als Wirtschaftsunternehmung". Anschließend werden diese Strukturen anhand von Beispielen (aus den Bereichen Kreditfinanzierung, Bildung, Importverbilligung und Kriminalität) auf das Handeln einzelner Akteure zurückgeführt und dadurch erklärt. Die Autorin zeigt auf, wie aus den institutionellen Strukturen der Rentiers-Klasse und des kapitalistischen Geldsystems ein „struktureller Zwang" für den Großteil der Bevölkerung entsteht. Als Ausweichstrategien kommen nur entweder (temporäre) Migration oder Kriminalität in Frage.

Kapitel 4 behandelt in Fallbeispielen das **strategische Handeln von Gruppen und von Einzelpersonen und Familienverbünden**, woraus zwei Handlungsmodelle abgeleitet werden. Sehr lebensnah werden Aufstieg und Niedergang von Genossenschaften und anderen Entwicklungsinitiativen im ländlichen Raum geschildert, ebenso die Situation von städtischen Kleinunternehmern.

In Kapitel 5 „**Der gestaltete Wirtschaftsraum**" werden die Ergebnisse der zwei vorigen Kapitel auf die räumliche Bezugsebene in prozessualer Sicht projiziert. Dabei werden Wirtschaftsregionen als Aktionsräume verstanden, welche durch das Vorhandensein von Ressourcen und die Möglichkeit, auf diese zuzugreifen, konstituiert werden. Unter diesem Blickwinkel werden die interregionalen Disparitäten der Ressourcen Geld, Bildung und Arbeit (anhand der Migration) dargestellt, danach die Kriminalität in der Hauptstadt und in den verschiedenen Teilen des Landes und die Zersetzung landwirtschaftlicher Strukturen. Die konkreten handlungsbezogenen Aktionsräume werden dann in Kapitel 6.2 vorgestellt: Die Regionen kleinbäuerlicher Familienwirtschaft, des informellen Kleingewerbes, der Aktionsraum der Kriminalität, die Regionalisierungen im Stadtgebiet von Guatemala-City und die Regionen sozialwirtschaftlicher Marginalisierung.

Im übrigen Kapitel 6 wendet sich die Autorin erneut dem theoretischen Aspekt zu und setzt sich mit **neueren Raum- und Regionalisierungskonzepten** der Sozialgeographie, v.a. mit Werlen (1995, 1997) kritisch auseinander. Danach wird der Einfluß der kapitalistischen Globalisierung auf Entwicklungsländer und deren Handlungsspielraum diskutiert.

Kapitel 7 präsentiert die angekündigten **Handlungsempfehlungen** für Guatemala. Die Autorin nennt Verbesserungsmaßnahmen für den Bildungssektor, die Medien, für die juristische Alltagskultur und Strafverfolgung, für die Finanz- und Haushaltspolitik und für marktwirtschaftliche Initiativen auf lokaler Ebene. Am wenigsten konkret sind ihre Empfehlungen für das Handeln ausländischer Institutionen, wobei ihre kritische Beurteilung von NROs und Entwicklungshilfeorganisationen auffällt.

Eine kurze Zusammenfassung und ein Kartenanhang (11 Farbkarten, Eigenentwürfe) beschließen den Band.

Dieses Buch besitzt folgende **Vorzüge**:
- Meines Wissens ist es der erste Versuch, konsequent die **Wirtschaftsgeographie eines Entwicklungslandes aus handlungstheoretischer Perspektive** zu analysieren. Hierfür wird eine eigenständige Konzeption entwickelt, die als ein Beispiel der von M. BOESCH (1989) postulierten modernen „engagierten Geographie" gelten kann.
- Auch in methodischer Hinsicht wird Neuland beschritten: Im gewählten Analyserahmen werden **mehrere Ebenen und mehrere Erhebungsmethoden** recht geschickt kombiniert. Damit wird ein Weg aufgezeigt, wie man Einzelbeobachtungen und realitätsnahe Protokollaufzeichnungen in die größere wirtschaftsgeographische Analyse methodisch vollgültig einbauen kann.

- Die VOGT'sche Konzeption und Methodik erweisen sich durch die Ergebnisse der empirische Arbeit als durchaus **tragfähig** und – wie ich meine – **nachahmenswert**. Sie setzen allerdings u.a. eine intime Kenntnis des Untersuchungsraums voraus, die wohl nur durch einen mehrjährigen Aufenthalt erwerbbar sind.
- Hervorzuheben ist auch die Vertrautheit VOGTS mit den Hauptvertretern der Handlungstheorie (Jonas, Werlen, Giddens), aus deren kritischer Rezeption ein durchaus **originelles Handlungsmodell** entwickelt wird.
- Beeindruckend ist die konsequente Beibehaltung der gewählten Perspektive und der **forschungslogischen Distanz**, umso mehr als es sich um einen Auslandsaufenthalt in einem Entwicklungsland handelt, wo erfahrungsgemäß die Sorgen um die Bewältigung des Alltags viel Kraft in Anspruch nehmen.
- In Kapitel 6 wird eine gut begründete **Kritik an der** – auch aus der Sicht des Rezensenten – unnötig **„raumfeindlichen Position" der neueren handlungstheoretischen Sozialgeographie** (WERLEN) geübt *(vgl. S. 107-111)*.
- Durchaus berechtigt erscheint auch die kritische Einstellung der Autorin zu veröffentlichten Statistiken und die daraus abgeleitete stärkere Heranziehung anderer Informationsquellen.
- Last not least gelangt die Autorin zu wertvollen **konkret-empirischen Einsichten**, welche für die Wirtschafts- und Entwicklungspolitik relevant sind. Dies gilt nicht nur für die Handlungsempfehlungen in Kapitel 7, sondern auch für manche „desillusionierende" Aussagen. Z. B. bezeichnet sie die Hoffnung auf angebliche Innovativkräfte eines wirtschaftlich-kulturellen Wissens der indianischen Bevölkerung als trügerisch *(S. 79)*. Auch die verbreitete Wertschätzung des informellen gewerblichen Sektors wird von ihr stark relativiert *(S. 85)*. Insgesamt vermittelt die Arbeit wesentliche Einsichten in das Funktionieren des Wirtschafts- und Gesellschaftssystems, welche an der Basis für jede (mögliche) Wirtschaftsentwicklung in einem zentralamerikanischen Land stehen sollten.

Am Ende der Lektüre stelltten sich dem Rezensenten einige **Fragen**, die keineswegs als Kritik, sondern als **Anregung zum Weiterdenken** aufgefasst werden mögen.

1. Wenn die Wissenschaft zur Verbesserung der Lebensverhältnisse beitragen und konkrete Handlungsempfehlungen geben soll *(vgl. VOGT, S. 32)*, wie weit dürfen diese dann gehen? Könnte man da nicht auch die Empfehlung an einzelne Akteure dieses Systems richten, daß sie nicht betrügen sollen, und ähnliche individualethische Gebote?
2. Angesichts der aufgezeigten strukturellen Zwänge erscheint jede territorialbezogene Entwicklungspolitik, wie regionale Entwicklungsprogramme u.ä., in Entwicklungsländern von Grund auf verfehlt. Wäre es nicht besser, ganz darauf zu verzichten?
3. Schließlich erhebt sich die Frage, ob der hier vorgestellte Ansatz nicht auch für entwickelte westliche Länder ein konzeptioneller und methodischer Rahmen wäre, mit dem man neue Einsichten in das Funktionieren des Wirtschaftsraums gewinnen kann. Manche der aufgezeigten Handlungsstrategien sind sicherlich spezifisch für Entwicklungsländer, mit dem hier geschaffenen Instrumentarium erscheint es aber nicht unmöglich, auch „bei uns" strukturelle Zwänge und bestimmte gruppenspezifische oder individuelle Handlungsstrategien zu identifizieren.

WIRTSCHAFTSGEOGRAPHIE
Lehre und Lehr-Evaluierung

ANGEWANDTE REGIONAL- UND WIRTSCHAFTSGEOGRAPHIE

Konzept und Realisierung im Rahmen des Lehrprogramms
der A^{R}WI an der WU Wien

Applied Regional and Economic Geography –
Concept and Realization in the Framework of the A^{R}WI Teaching Programme
at Vienna University of Economics and Business Administration

Christian STAUDACHER (Wien)

Kurzfassung

Das Lehrprogramm „Angewandte Regional- und Wirtschaftsgeographie" der A^{R}WI wird inhaltlich und didaktisch durch die Konzeption der Hauptvorlesung zur Einführung in die Grundfragen der Wirtschaftsgeographie bestimmt. In den letzen 3 Jahren wurde diese Lehrveranstaltung grundlegend neu strukturiert und der Beitrag versucht einige wesentliche Aspekte, Rahmenbedingungen und Zielsetzungen darzustellen und zu bewerten. Theorie- und Praxisorientierung und der bewußte Bezug auf die Sozial- und Wirtschaftswissenschaften sind als Hauptprinzipien bei der Realisierung.

Summary

The content and didactic aspects of the A^{R}WI teaching programme "Applied Regional and Economic Geography" are determined by the concept of the introductory lecture on basic issues of economic geography. Over the past three years, this lecture was basically restructured and this paper attempts to present and evaluate some central aspects, basic conditions and objectives. Theoretical and practical orientation as well as the conscious relation to social and economic sciences are the main principles of realization.

Wirtschaftsgeographie ist im Rahmen des sozial- und wirtschaftswissenschaftlichen Studiums an der Wirtschaftsuniversität Wien ein **traditionelles Pflicht-Wahlfach** im 2. Studienabschnitt mit Vorprüfung und der Möglichkeit in diesem Fach eine **Diplomarbeit** zu schreiben[1], das von den StudentInnen immer schon mit besonderer Motivation in großer Zahl gewählt wurde und wird. Im Laufe der Geschichte des Faches und der entsprechenden Institutionen/Abteilungen wird und wurde Wirtschaftsgeographie mit sehr unterschiedlichen Inhalten, Methoden und didaktischen

---

[1] *Dieser Beitrag bezieht sich ausschließlich auf das Lehrprogramm der A^{R}WI und besonders auf die Hauptvorlesung "Allgemeine Regional- und Wirtschaftsgeographie". Auf die besonderen Aspekte, daß Wirtschaftsgeographie auch als Dissertationsfach gewählt werden kann, soll in diesem Beitrag nicht eingegangen werden.*

Konzepten – immer im Bezug auf mehr oder wenige explizite Paradigmen – gelehrt. Seit **1997** wird das **Lehrprogramm „Wirtschaftsgeographie"** an der A^{R}WI in einer neu konzipierten Form, mit neuen Lehrinhalten und –schwerpunkten angeboten, wobei die **Hauptvorlesung „Angewandte Regional- und Wirtschaftsgeographie"** den Kern darstellt und die inhaltliche und paradigmatische Ausrichtung auch der anderen Lehrveranstaltung vorgibt. Die Hauptvorlesung „Allgemeine Wirtschaftsgeographie" wurde seit 1986 von Univ. Doz. Dr. Felix Jülg angeboten und ab 1997 von Univ. Doz. Dr. Christian Staudacher übernommen und **inhaltlich und strukturell neu ausgerichtet**. Dieses neue Programm, seine Inhalte und Begründungen sind das Thema diese Beitrages.

1 Rahmenbedingungen

Die Situation einzelner Fach- und Lehrgebiete läßt sich durch drei **Bezugsfelder** beschreiben *(vgl. STAUDACHER Ch. 1984):*

- Die einzelnen Fachgebiete der universitären Lehre sind in die **Strukturen und Entwicklungen des jeweiligen Wissenschaftsbereiches** eingebunden: Im Falle der Wirtschaftsgeographie sind das die nationalen und internationalen „**Geographielandschaften**".
- Die Fachgebiete sind an eine **spezifische Fachuniversität** mit ihren besonderen inhaltlichen und methodischen Ausrichtungen gebunden: Im Falle der Wirtschaftsgeographie geht es hier um die Rolle und Stellung an der **Wirtschaftsuniversität Wien** mit ihrer **Spezialisierung auf die Sozial- und Wirtschaftswissenschaften**.
- Die Fachgebiete sind aber auch in Beziehung zu setzen zum **außeruniversitären Praxisbereich**: Im Falle der Wirtschaftsgeographie sind das die vielfältigen **Anwendungsbereiche wirtschaftsgeographischen Wissens und Könnens**: Regionalplanung, -management, Standortplanung und –organisation usw.

1.1 „Geographielandschaften"

Die neuere Entwicklungen der Geographie (im deutschsprachigen Raum) sind durch laufende **paradigmatische Veränderungen** gekennzeichnet, die auch auf die Wirtschaftsgeographie durchschlagen, die in diesem Spezialbereich z.T. aber auch ganz anders verlaufen sind *(vgl. z. B. v. ROHR, 1990, S. 28 ff)*, wobei die verschiedenen Konzepte und praktischen Umsetzungen in der Lehre oft auch parallel nebeneinander bestehen bleiben; dabei spielen die einzelnen „**Geographiestandorte**" und die Beharrungskräfte der jeweiligen Institutionen (Institute, Abteilungen, ...) und die **Entwicklungen der Personalstrukturen** eine wichtige Rolle. Die **österreichische Geographielandschaft** ist besonders dadurch gekennzeichnet, daß Wirtschaftsgeographie zwar fast in allen universitären Institutionen von einzelnen Lehrstühlen als Teilbereich der Geographie vertreten wird, z.T mit Schwerpunktsetzungen z.B. auf Tourismus- oder Einzelhandelsgeographie usw., daß die **Abteilung für Angewandte Regional- und Wirtschaftsgeographie (A^{R}WI)** und die Abteilung für Wirtschaftsgeographie und Geoinformatik am Institut für Wirtschaftsgeographie, Regionalentwicklung und Umweltwirtschaft[2] der WU-Wien die einzigen akademischen Einheiten

---

[2] *Im Rahmen der Neuorganisation der akademischen Einheiten und Fächer, die sich an der WU mit Geographie und raumwirtschaftlichen Fragen befassen, wurde 1999 durch Zusammenlegung von vier akademischen Einheiten dieses neue Großinstitut geschaffen, in dem die beiden genannten „Wirtschaftsgeographie-Abteilungen" angesiedelt sind.*

sind, die **auf Wirtschaftsgeographie spezialisiert** sind. Diese akademischen Einheiten haben sowohl in der Lehre als auch in der Forschung ein gewissen **Führungsaufgabe in und für die Wirtschaftsgeographie** zu leisten.

Eine kurze Darstellung verschiedener **Konzepte und Stoffgliederungen der wirtschaftsgeographischen Lehre** soll einen Überblick vermitteln, was alles Wirtschaftsgeographie sein kann, wie man an die Sache herangehen kann und daß es keine dogmatische und endgültige Lösung gibt *(vgl. auch verschiedener Lehrbücher: SCHÄTZL L. 1987 1991, 1992, ARNOLD.1992, RITTER 1991, HAGGETT, 1991, DIKKEN/LLOYD 1999 usw.).* Versucht man die verschiedenen **Lehrkonzepte von Wirtschaftsgeographie** zu überblicken, dann lassen sich sehr unterschiedliche Paradigmen und Zielsetzungen erkennen:

⇨ **Traditionelle – faktische Wirtschaftsgeographien:** Diese Konzepte sind vorwiegend an den **Fakten** interessiert und verfolgen dominant **deskriptive Zielsetzungen** und liefern **Allgemein- und Orientierungswissen**. Der Stoff wird daher in der Regel nach einzelnen **Sach- und Wirtschaftsbereichen** dargeboten (Naturgeographie, Bevölkerungs- und Humangeographie, Agrargeographie, Bergbau und Rohstoffwirtschaft, Industriegeographie usw.):
- Das **regionalgeographische Konzept**, das im wesentlichen **der länderkundlichen Tradition** folgt, behandelt meist in beschreibender Form z. T. auch mit Bezug auf theoretische Konzepte die Wirtschaftsstrukturen, häufig in einer Überbetonung (deterministischer) naturgeographischer Argumentation.
- Das **weltwirtschaftsgeographische Konzept** betrachtet die **Welt als Gesamtsystem** und beschreibt die globalen Strukturen z.T. mit Bezug auf theoretische Basiskonzepte, wobei zur Stoffgliederung meist ebenfalls eine **Systematik nach Wirtschaftsbereichen** benutzt wird *(vgl. z. B. de SOUZA - STUTZ 1994, ARNOLD 1992).*

Diese **länderkundlich-faktischen Konzept** erweisen sich in der Wahlfachsituation als ungeeignet, weil damit die StudentInnen, die nur 2 – 3 Semester mit dem Fach befaßt sind, mit zuviel Faktenwissen überfrachtet werden und der theoretische Bezug zu kurz kommt.

⇨ **Allgemeine, theoretische Wirtschaftsgeographien:** Diese Konzeptionen legen das **Schwergewicht auf explikative, erklärende Ziele** und befassen sich auch mit **normativen und operativen Fragen**. Die Stoffgliederung orientiert sich an **Problembereichen** und damit an **Theorieebenen** (z.B. Standortfragen, räumliche Disparitäten, Regionalentwicklung usw.). Die Darstellung konkreter regionaler Raumstrukturen wird zur Exemplifikation verwendet und strebt in keinem Falle länderkundliche Vollständigkeit an.
- Die **regionalwissenschaftlichen Konzepte** gehen von volkswirtschaftlichen Auffassungen von regionalen Strukturen und Prozessen aus und bemühen sich um die **Berechnung von Strukturunterschieden** und **regionalen Mobilitäten** und **Entwicklungsprozessen**, wobei häufig mit Aggregatdaten für Gebiete, Areale (politische Einheiten) gearbeitet wird *(vgl. z. B. SCHÄTZL: Wirtschaftsgeographie 2: Empirie, 1978 ff).*
- Die **standorttheoretische Wirtschaftsgeographie** befaßt sich mit den Fragen der einzelwirtschaftlichen **Standortentscheidung und -orientierung** und zeigt große Nähe und Verwandtschaft mit der **betriebswirtschaftlichen Standortlehre** *(vgl. z.B. SEDLACEK TEIL 1,1994).*

- Der **unternehmensgeographische Ansatz**, Corporate Geography, Enterprise Geography, befaßt sich mit der **unternehmerischen Standortstrategie**, mit den Erscheinungen der **Mehrbetrieblichkeit**, den **Kooperationsformen** und den **Netzen** und **Netzwerken** und mit den Fragen der **Internationalisierung** und Globalisierung bei oft hoher Praxisorientierung *(vgl. z.B. LAULAJAINEN, R. – STAFFORD, H.A. 1995)*.
- Der **systemtheoretische Ansatz** faßt regionale Strukturen explizit als (autopoietische) Systeme auf und definiert als **Forschungsobjekt "Wirtschaftliche Regionalsysteme"** und studiert ihrer innere und äußere Struktur (Ordnung), die Vernetzungen und ihrer Entwicklungen *(vgl. RITTER 1991)*.

Diese **theorieorientierten Konzepte** taugen schon viel besser und sind Ausgangspunkt der Konzeption, wie sie im Rahmen der „Angewandten Regional- und Wirtschaftsgeographie" entwickelt wurde und praktiziert wird *(vgl. unten Kap. 2)*.

1.2 Stellung an der WU

Die **Wirtschaftsgeographie** als wissenschaftliches Fach, die **Wirtschaftsgeographen** (Wissenschafter, Lehrer, Studenten) und die **wirtschaftsgeographischen Institute**/Abteilungen als institutioneller Rahmen befinden sich an wirtschafts- und sozialwissenschaftlichen Universitäten/Fakultäten in einer **besonderen Situation** - im Vergleich etwa zur Wirtschaftsgeographie als Teilfach an Geographischen Instituten von Gesamtuniversitäten, wo sie meist im formal- und geisteswissenschaftlichen Bereich integriert sind. Die bisherige Entwicklung war in der Regel in diese **Spannung zwischen „Geographie"**, als eher geistes- und sozialwissenschaftliches Fach, und der **„Ökonomie"** vornehmlich durch **pragmatische Anpassung** und eine nicht reflektierte Strukturierung des Stoffes und der Forschungsthemen gekennzeichnet.

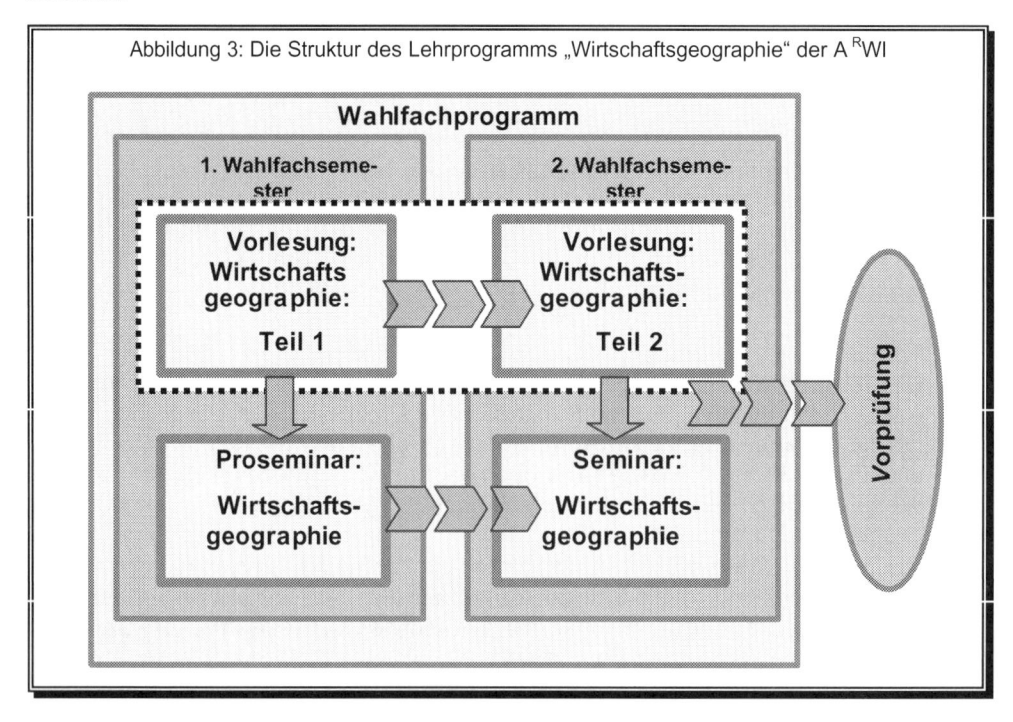

Abbildung 3: Die Struktur des Lehrprogramms „Wirtschaftsgeographie" der A[R]WI

Wirtschaftsgeographie ist an der WU und auch an anderen wirtschafts- und sozialwissenschaftlichen Universitäten/Fakultäten, zwar in wechselnder Intensität immer ein ergänzendes **Wahl,- Frei- oder Randfach** gewesen und wird immer ein solches bleiben (müssen); in **fachlich-inhaltlicher Sicht** kann aber durchaus von einer **Gleichstellung** ausgegangen werden. Diese Situation teilt die Wirtschaftsgeographie mit vielen anderen Fächern wie der Wirtschafts- und Sozialgeschichte, der Technologie, der Wirtschaftsethik usw. Diese Wahlfach-Situation schränkt den Rahmen der Lehre (nach derzeit gültiger Rechtslage) auf **nur 8 Semesterwochenstunden** ein, wobei 4 Semesterwochenstunden in der Form von Vorlesungen ohne direkte Prüfungsverpflichtung und je 2 Semesterwochenstunden als Proseminar bzw. als Seminar mit Prüfungspflicht zu absolvierten sind. Damit diese Anforderungen kompakt und didaktisch zielführend erfüllt werden können, wird das Lehrangebot der A^RWI in der Form von **zwei Studienpaketen** organisiert; diese verbinden immer eine Vorlesung mit einem Proseminar oder einem Seminar.

- Das **Studienpaket 1** (Vorlesung: Angewandte Regional- und Wirtschaftsgeographie Teil 1 + Proseminar) legt die Grundlagen, ist für alle verpflichtend und ist Voraussetzung für den Besuch des
- **Studienpaketes 2** (Angewandte Regional- und Wirtschaftsgeographie Teil 2 + Seminar) in einem darauf folgenden Semester. Hier werden die Kenntnisse und Fähigkeiten vertieft und durch die Themenwahl und die Organisationsform (Exkursionen, Projektseminare) insbesondere der Praxisbezug hergestellt.

Wesentlicher **Kern des Studienprogrammes** ist dabei die **Hauptvorlesung „Angewandte Regional- und Wirtschaftsgeographie"** die in einem zweisemestrigen Intensivprogramm die StudentInnen in die Grundfragen der Wirtschaftsgeographie einführt und einen breiten Überblick über die Fragestellungen, Theorien und Methoden liefern soll; der Besuch ist verpflichtend und kann nur in Ausnahmefällen durch "Ersatzliteratur" kompensiert werden. Diese Vorlesung bestimmt in ihrer Struktur das inhaltlich-didaktische Konzept des Lehrprogramms Wirtschaftsgeographie und ist Thema dieses Beitrages [3]. Die Proseminare und Seminare sind als interaktiver Arbeitsunterricht strukturiert und dienen der Vertiefung des Wissens und der praxisbezogenen Anwendung.

1.3 Praxisbezug der Wirtschaftsgeographie

Im Bereich raumwirtschaftlicher Praxis und Anwendung lassen sich **4 große Spezialisierungsfelder** identifizieren, die in der Realität allerdings weite Überschneidungsbereiche aufweisen:

1. **Regionalwirtschaftlich-geographischer Bereich**: Das „Objekt" der Analyse, Bewertung und Steuerung sind **Wirtschaftliche Regionalsysteme** als komplexe Strukturen verschiedenster dimensionaler Ebenen: Gemeinden, Städte, Regionen, Volkswirtschaften, kontinentale Integrationsräume, ... Die entsprechenden Berufsfelder sind **Regionalmanagement**, **-marketing**, **Regionalentwicklung** und **-planung**.
2. **Standort- und unternehmensgeographischer Bereich**: Hier geht es um die Analyse Bewertung und Steuerung, um die **ökonomische Nutzung von Standorten**, von **Standortnetzen** und Netzwerkbeziehungen, von Standort- und Lagepo-

---

[3] *Die mit dieser Konzeption zusammenhängenden Forschungsschwerpunkte und -aktivitäten sind nicht Thema dieses Beitrages und sollen zu einem späteren Zeitpunkt dargestellt werden.*

tentialen sowohl in räumlicher Agglomeration aber auch als Instrumente des globales Ausgreifen auf verstreute Standort- und Lagepotentiale. Entsprechende Berufsfelder sind Spezialisten in **Standortmanagement, -planung**, Vertriebsplanung, Verkehrs- und Transportwesen, ...

3. **Geoinformatik, Geographische Informationssysteme**: Es geht hier um die kompetente Ausbildung im Bereich der **raumrelevanten und –bezogenen Informationstechnologien**, insbesondere Geographischer Informationssysteme zu technisch-methodischen Spezialisten: GIS-Management, Software-Entwicklung und –implementierung, Geomarketing, ... 4

4. **Umweltwirtschaft, Ökologie-, Nachhaltigkeits-Bereich**: Grundlage ist ein ökologisch umweltbezogenes Paradigma, das alle räumlichen Dimensionen der Wirtschaftstätigkeit betrifft und das durch verschiedenste Spezialisten abzudecken ist: **Umweltanalytiker, Umweltplaner, Umweltmanagement**, nachhaltige „**Raumnutzung**", ... , die sowohl im regionalwirtschaftlichen als auch im unternehmerischen Bereich tätig sein können 5.

Über dieser Spezialisierungsfelder ergeben sich auch vielfältige Möglichkeiten einer **praxisorientierten Organisation der Lehre**, insbesondere über die Zusammenarbeit mit den Nachfragern nach solchen Wissens-Leistungen: Gemeinden, Städte, Planungsinstitutionen, Unternehmen, Vereine, Bürgerinitiativen usw.; insbesondere bei Projekt-Seminaren, im Kolloquium "Raum und Wirtschaft" und bei Diplomarbeiten wird eine enge Zusammenarbeit zu organisieren versucht.

2 Konzept und Inhalt der Vorlesung "Angewandte Regional- und Wirtschaftsgeographie"

Aus diesen Rahmenbedingungen ergeben sich wesentliche **Leitsätze** für die Neugestaltung von einer **Vorlesung "Angewandten Regional- und Wirtschaftsgeographie"**:

- „**Eine Theorie ist das Praktischste, was es gibt**": Wenn man den Begriff „Theorie" nicht rein wissenschaftlich, sondern mit Bezug auf **alltagsweltliche Situationen** verwendet, dann bedeutet der Begriff „Wissen, wie etwas funktioniert", „Wissen, wie man einen bestimmten Zustand erreichen kann", „eine Ahnung haben (wissenschaftlich würde man dazu Hypothese sagen), was man tun muß, damit ...." usw. Man kann Theorien also als „**Handwerkszeug**" **alltäglichen Handelns** verstehen und zwischen „**Erklärungs-Theorien**", die ex post verstehen wollen, wie ein bestimmter Zustand entstanden ist, und „**Handlungs-Theorien**" unterscheiden, die ex ante Anweisungen formulieren, wie ein bestimmter (wünschenswerter) Zustand erreicht werden kann *(vgl. STAUDACHER 1998, S. 60)*. Beide Ansätze sind in der Praxis relevant und zwingen förmlich dazu, die Lehre sehr stark auf die „Theorie" auszurichten.

---

4 *Die Ausbildung in diesem Bereich erfordert allerdings quantitativ und qualitativ und technischen hohe Anforderungen, die über die beschränkten personellen und technischen Ressourcen der A^RWI weit hinausgehen, sodaß die StudentInnen im Rahmen des Lehrprogramms nur in die Grundlagen und einfachere Anwendung eingeführt werden können.*

5 *Auch gilt, daß im Rahmen der A^RWI keine Spezialisten ausgebildet werden können – die Abteilung für Umweltwirtschaft ist hier wesentliche besser geeignet - , eine Einführung in das Grundverständnis von nachhaltiger Raumnutzung gehört zu den Grundfragen der Wirtschaftsgeographie.*

- **Wirtschaftsgeographie ist nicht allgemeine Wirtschaftskunde**: Das Fach Wirtschaftsgeographie hat seine Fragestellungen und Theorien auf **räumliche Fragestellungen** zu konzentrieren und sowohl das Explanandum, der Erklärungsinhalt – egal ob ex post oder ex ante – als auch das Explanans, der Theoriezusammenhang müssen sich auf **räumliche Phänomene und Aspekte** beziehen (z.B. Räume, Areale, räumliche Dispersion, räumliche Disparitäten, Lage, Erreichbarkeit, Standortimage usw.), weil sonst die Fachidentität nicht im Zentrum steht.

- **Integration in sozialwissenschaftliches Studium**: Das Wahlfach Wirtschaftsgeographie hat im Rahmen des sozialwissenschaftlichen Studiums die Aufgabe, die StudentInnen mit der **räumlichen ökonomischen Betrachtungsweise** vertraut zu machen. Wirtschaften als Vorgang, bei dem mit den jeweils entsprechenden (nicht unbedingt den minimalen) Mitteln ein möglichst großer Vorteil und Effekt erreicht werden soll, ist immer mit räumlichen Problemen befaßt: Es geht immer auch darum mit dem **richtigen Standort**, der **richtigen Standortregion** und dem **richtigen räumlichen Beziehungsnetz** möglichst effiziente Vorteile zu schaffen und **räumliche Stukturierungen** nachhaltig ökonomisch und sozial zu gestalten.

- **Wirtschaftsgeographie geschieht nicht im Glashaus der Wissenschaft**: Entsprechend der **normativ-operativen Konzeption der Geographie** (BOESCH, M. 1987) sind in die Betrachtung von Fakten und Phänomenen und ihre Erklärung **gesellschaftliche und individuelle Normen** und **Werte** mit einzubeziehen. Durch die Konfrontation von Fakten und Werten entsteht ein **Problembewußtsein**; "Probleme werden also verstanden als Diskrepanz zwischen Soll- und Ist-Zustand". Es werden unter Verwendung von Normen und Grenzwerten **Diagnosen** formuliert, die als **Bewertungsmodelle** (= **ex ante**) dargestellt werden. Es wird versucht durch eine Verbindung von Fakten, Werten und Handlungen zu Problemlösungen beizutragen und damit zu einer "**Anwendung**" **wirtschaftsgeographischen Wissens** beizutragen, wodurch erst Gesellschaftsrelevanz entsteht. Es gibt also keine theoriefreien und wertfreien Problemlösungen. Anwendung bedeutet in diesem Zusammenhang "Stellungnehmen zu aktuellen gesellschaftlichen Problemen und Lösungsansätze erarbeiten, unter expliziter (wo nötig kritischer) Bezugnahme auf Ziele und Normen" (BOESCH, M. 1987, S. 7). Es werden **Handlungsstrategien und Maßnahmen** abgeleitet, die als **Entscheidungsmodelle** formuliert sind.

2.1 Systemtheoretische Konzeption

RITTER *(1991)* hat mit seinem **Lehrbuch "Allgemeine Wirtschaftsgeographie - eine systemtheoretisch orientierte Einführung"** eine grundlegend neue Idee für geographische Denkmodelle vorgelegt, die mich bei der Suche nach brauchbaren Konzeptionen für die Strukturierung der Wirtschaftsgeographie wesentlich angeregt hat. Weil dieser Ansatz für die Konzeption der Vorlesung wesentlich ist, seien einige grundlegende Aspekte angesprochen:

Beim **systemtheoretische Ansatz** geht es um einen „**integral ganzheitlichen**" **Ansatz**, der „die **Komplexität der Realität** strukturiert und modellhaft" abbildet, „**ohne Segmentierung in isolierte Sachbereiche, ohne unzulässige Reduktion** auf lediglich paarweise Relationen". Es geht um das „**Funktionieren eines Systems**, welches oft durch **Synergieeffekte** geprägt ist und weitgehend als **Selbstorganisation** mit **Selbstregulation** ... aufgefaßt wird" (BOESCH 1989, S. 129). Dieses **Sy-**

stemkonzept kann auf **Wirtschaftliche Regionalsysteme und Unternehmen** als räumliche Systeme angewandt werden und stellt ein wichtiges **Werkzeug** wirtschaftsgeographischer Analyse dar *(vgl. KISS 1990, SCHÜLEIN - BRUNNER 1994 u.v.a.).*

- Der **Begriff „System"** wird in der vielfältigen Literatur immer in irgend einer Form mit **Zusammenhang**", mit „**Integration**", mit „**Beziehung**" und **gegenseitiger „Abhängigkeit"**, mit „das Ganze ist mehr als die Summe der Teile", aber auch mit „**Ordnung**", mit „**Ordnungsprinzip**", „**Regelungsstruktur**", mit „**Struktur**" usw. in Verbindung gebracht *(vgl. z.B. KISS 1990, SCHÜLEIN- BRUNNER 1994, CHAPMAN, G. P. 1977, u.v.a.).* Sozialwirtschaftliche Strukturen werden als **autopoietische Systeme** verstanden, die sich **selbst bestimmen**, sich **selbst eine Ordnung geben**, einen Sinnzusammenhang definieren und die sich **selbst von der Umwelt abgrenzen** und diese nach eigenen Ordnungsprinzipien nutzen.

- Die **räumlichen Systeme** der Geographie, **Wirtschaftliche Regionalsysteme,** sind ebenfalls autopoietische Systeme, die sich **selbst bestimmen** (z.B. Menschen, Unternehmen oder Regionen usw., die ein Selbstbewußtsein entfalten, über sich nachdenken, ...), sich **gegenüber anderen abgrenzen** (z.B. ein Territorium, einen Eigentumsbereich ausbilden, ...) und **ihre Umwelt** nach ihren eigenen Vorstellungen **mitbestimmen und selektiv nutzen** (z.B. durch Standortwahl, durch aktive Raumimplikation). Räumliche Systeme **schaffen** sich so einen entsprechenden **Sinnzusammenhang**: Vorteile der Nähe, der Aktion unter der Einheit des Ortes und der Zeit usw.

- Ein **Unternehmensnetzwerk**, eine **Wirtschaftsregion** oder eine **Stadt** entsteht aus dem „**Zusammenwirken verschiedenster materieller und immaterieller Elemente, Akteure und Prozesse in einem bestimmten Raum**" aufgrund gemeinsamer Interessen", eines **regionalen Synergieproduktes**. „Die **Selbstorganisation** basiert auf **konkurrierenden Interessen** und oft sehr **eingeschränkten Informationen.**" In räumlichen Systemen spielen „**räumliche Bedingungen**" in Form von **distanziellen Wirkungen**, als **differenzierte Raumwahrnehmung**, als **Nähevorteile**, als **räumliche Identifikation** usw. eine wichtige Rolle beim Funktionieren und Zusammenspiel im System!

- Für die innere Ordnung, die Evolution und die Außenbeziehungen von Systemen spielt das **Konzept der Autopoesis** (αυτοσ = selbst, ροιειν = machen), die **Selbsterzeugung** bzw. **Selbstproduktion (Autotropie)** eine wesentliche Rolle: Systeme in diesem Sinn **erzeugen sich kontinuierlich selbst**, d. h., „daß die Systeme die Elemente, aus denen sie bestehen," und auch die **Verflechtungen „selbst produzieren und sich dadurch selbst erhalten und reproduzieren"** *(SCHÜLEIN-BRUNNER 1994, S. 104).* Systeme sind dadurch auch selbstbezogen, sie besitzen „Selbstreferenz". In der **Theorie selbstreferenzieller Systeme** handelt es sich um eine Sicht, die Systemverhalten aus den systemintern ablaufenden Selbstherstellungsprozessen von Elementen und folglich aus **selektiven (vom System selbst gewählten) Umweltkontakten** erklärt. Systeme werden also nach dieser Konzeption nicht als Umweltprodukte, sondern als Zusammenhänge betrachtet, denen zwar die Umwelt immer zu Grunde liegt, die aber, wenn sie sich herausgebildet haben, **ihre Umwelt selbst schaffen**" *(Kiss 1990, S. 2),* die (scheinbar) **stabile Strukturen** aufbauen, die als **dissipative Akteure** wirken und

- deren **Leistung im Durchsatz** und in der **Nutzbarmachung** dieses Durchsatzes für das System bestehen.

- Die Selbstregulierung führt dazu, daß durch Rückkoppelungen eine **Einregelung auf Sollwerte** erfolgt, der Durchsatz (Energie-, Massen-, Informationsaustausch, ..) weitgehend konstant bleibt und damit auch die **Systemstruktur** bestehen bleiben kann und auf lange Sicht „**paßt**" = steady-state (Körperfunktionen eines Menschen, ...). Das führt dazu, daß solche Systeme auch nach **Störungen** wieder zum **Sollzustand** zurückkehren können. Ein **Systemregime** kann als „**stabiler, homöostatisch regnerierbarer Zustand**", ein „**Fließgleichgewicht**" aus „über längere Zeiträume scheinbar stabilen Strukturen" bezeichnet werden, „die man als **dissipativ** bezeichnet, weil sie ständig arbeiten müssen". „Dabei werden laufend **Systemelemente eingegliedert und abgestoßen, Subsysteme aufgebaut und zerstört**, was in komplizierten **autokatalytischen (selbstverstärkenden) Prozessen** erfolgt". Das Systemregime „zeigt nur **Oszillationen** um einen mittleren oder normalen Zustand, der solange aufrecht erhalten werden kann, als die **Inputs** für dieses Systemregime **verfügbar** sind" (RITTER 1991, S. 98, 99.

- **Wirtschaftliche Regionalsysteme** sind dann **offene, neg-entropische und autopoietische Systeme**, die sich ihre **(räumliche) Ordnung selbst schaffen** und damit ihre Systemstruktur selbst aufrecht erhalten. Alle **Mobilitätsvorgänge, Wanderungen, Agglomerationsvorgänge, alle Prozesse der räumlichen Differenzierung, Polarisationsvorgänge** usw. lassen sich so gesehen als **neg-entropisch** verstehen, also als Vorgänge, die **Ordnung schaffen**, zu einem **höheren Potential an freier Energie** im System führen. Die entscheidende systeminterne Kraft, die das bewirkt, ist der **menschliche Geist, sein Wille zur Produktion, zum Leben** (COFFEY 1981, S. 204).

- Der **Zweck (sozialer), räumlicher Systeme** wird nach LUHMANN, N. in der **Reduktion von Komplexität der Umwelt der Elemente** darin gesehen, daß „die die **menschliche Aufnahmekapazität überwältigende Komplexität der Welt in spezifischer Weise**" erfaßt und bearbeitet werden kann; es entstehen „**Inseln von geringerer Komplexität**" (SCHÜLEIN-BRUNNER 1994, S. 109)
  - **Komplexität** ist dabei definiert als die **Gesamtheit der möglichen Ereignisse** in einem System, mit der die **Elemente** aufgrund ihrer Kapazität zur Erfassung und Verarbeitung **alleine nicht fertig werden** können. Geographisch gesehen wäre dann diese Gesamtheit der Ereignisse durch eine **Vielfalt von Standorten** bzw. **Standorträumen** „unterschiedlichster" Faktorkombination bestimmt.
  - Aufgrund der relativen Autonomie (nicht der Autarkie) durch Selbstbezug, Selbstregulation können Systeme **Selektionsprinzipien**, „eigene **Regeln** entwickeln, wie sie die **Umweltkomplexität erfassen und reduzieren**". Sie bilden dazu eine eigene **Systemstruktur** aus, d.h. eine Struktur, welche „**die Auswahl an Möglichkeiten steuert**" (SCHÜLEIN-BRUNNER 1994, S. 109). Es handelt sich dabei um **Rollendefinition**, die **Standortwidmung**, um **Raumordnung** bzw., ganz allgemein um **Allokation**.
  - Durch **Generierung der Erwartungen** für **systemzugehöriges Verhalten** gewinnen soziale Systeme eine „über die Situation hinausreichende, die Systemgrenzen definierende **Systemstruktur**". „Indem soziale Systeme **relativ stabile Erwartungen** (zeitlich, sachlich, sozial) ausbilden (also eine Struktur entwickeln), können sie **systemkonformes Verhalten** erwarten und dadurch die ei-

gene **Existenz auf Dauer** stellen." *(SCHÜLEIN-BRUNNER 1994, S. 109)*; sie verleihen sich dadurch also eine **relative Stabilität** im Sinne das „**stady-state**".

- Der **Zweck von Wirtschaftlichen Regionalsystemen** als offene autopoietische Systeme ist also durch die „**Reduktion der räumlichen Komplexität**" bestimmt, durch **Standortwidmung** und **Raumordnung** betrieben wird, durch **räumliche Allokation**, durch Schaffung von **räumlichen „Kommunikations- und Interaktionsstrukturen**, überhaupt durch **räumliche Differenzierung** und **Schaffung räumlicher Ordnung** als **neg-entropische Leistung**.

2.2 Wirtschaftsgeographie

Als Geograph wird man oft gefragt, was Geographen tun, **was Geographie ist**, was das Besondere an der Wirtschaftsgeographie ist? Es ist wohl nach wie vor die „**räumliche Betrachtungsweise** ", also der Versuch den **Lebens- und Wirtschaftsraum zu erfassen und zu erklären**, die„ **Wirkungen" dieses „Raumes" auf menschliches Verhalten und Wirtschaften** aufzudecken und die unbewußten, ungewollten und geplanten und zielgerichteten „**Rückwirkungen" des Menschen** auf diese komplexen Systeme zu erkennen. Es geht um die **räumliche Grundperspektive**, also um das „Wo?", das „Warum wo?" und das „Welche Wirkung geht davon aus?" von natürlichen, sozialen und wirtschaftlichen Phänomenen.

Wenn man vor dem Hintergrund dieser Rahmenbedingungen eine Vorlesung konzipiert und realisiert, dann steht man vor einer **Menge von Fragen**. Für die Vorlesung "Angewandte Regional- und Wirtschaftsgeographie" sind das etwa folgende: Welche **Themen** sollte die Wirtschaftsgeographie vornehmlich behandeln und welche **Paradigmen** sind in den Vordergrund zu stellen? Welche Zielsetzungen und Schwerpunkte, welches Paradigma ist zu betonen und welche praktischen Forschungsfragen sind in den Vordergrund zu stellen? Welche interdisziplinären Verflechtungen sind zu entwickeln und zu nutzen? Was ist und soll '**Wirtschaftsgeographie**" sein? Für die Konzeption werden folgende **Definitionsvarianten der Wirtschaftsgeographie** verwendet:

⇨ WIRTSCHAFTSGEOGRAPHIE kann umschrieben werden als **Raum-Wissenschaft** von der **räumlichen Struktur** (Verteilung ökonomischer und sozialer Aktivitäten, Organisationen und Einrichtungen bzw. Infrastruktur), der **räumlichen Verflechtungsmuster** (Interaktionen zwischen den organisatorischen Einheiten des wirtschafts- und Gesellschaftsprozesses), der räumlichen **Entwicklungsprozessen** (räumliche Veränderungen von Strukturen, Interaktionen und Organisationsmustern) und den **raumdifferenzierenden Entwicklungen** (räumliche Ungleichheiten und Abhängigkeiten).

⇨ WIRTSCHAFTSGEOGRAPHIE kann aber auch im Sinne eines **normativ-operativen Ansatzes** definiert werden als Wissenschaftt „welche auf **Theorien** (bzw. **Theorieansätzen**)" über die räumliche Implikation „hinzielt und darauf basierend **normativ gestützte Entscheidungsgrundlagen**" zur Lösung von raumbezogenen Problemen „bereitstellt und sich (sogar) **an der Gestaltung beteiligt** *(BOESCH 1987, S. 10).*

⇨ WIRTSCHAFTSGEOGRAPHIE kann daher kurz verstanden werden als **Wissenschaft** von der **räumlichen Implikation menschlicher Aktivitäten** und der dabei gültigen **ökonomischen Bedingungen und Wirkungen**.

Eine Kernfrage der **Stofforganisation** ergibt sich aus dem Spannungsfeld **Unternehmensgeographie - Regionalgeographie**: In welchem Verhältnis sollen diese stehen und welche Ausrichtung ist aus der Beziehungen zu den Wirtschafts- und Sozialwissenschaften zu betonen?

- Die **Unternehmensgeographie** als **elementarer Ansatz** befaßt sich mit den **kleinsten Einheiten des Raumsystems**, mit den räumlich getrennten Produktions- und Lebenseinheiten (Betriebe, Haushalte, Einbetriebsunternehmungen) und mit der **elementaren Standorttheorie**, aber auch mit der **Analyse der Subsysteme** und den komplexen räumlichen Produktionsstrukturen und Vernetzungen in Form **Unternehmensnetzen** und entsprechend mit der **Theorie von kommunikativen (Standort-)Netzen**. Grundsätzlich kann davon ausgegangen werden, daß dieser Ansatz eine sehr enge Beziehung zur Betriebswirtschaftslehre aufweist und die Frage nach der **aktiven räumlichen Implikation von Unternehmen** im Mittelpunkt steht: Wie nehmen Unternehmen die Chancen und Restriktionen des Wirtschaftsraumes wahr, wie gehen sie damit um, wie organisieren sie ihre Einbindung in räumliche Gegebenheiten und wie nutzen sie die Chancen des Wirtschaftsraumes (durch Monopolisierung von Vorteilen) usw.?

- Die **Regionalgeographie** behandelt als Systemansatz **Wirtschaftliche Regionalsysteme** als hochkomplexe Objekte und befaßt sich mit der **Theorie von Regionalsystemen** (Raumstrukturtheorien, „Regionaltheorie"). Dieser Betrachtungszugang befaßt sich mit der **ganzheitlichen Struktur und Vernetzung** und der Entwicklung von komplexen Systemen auf verschiedensten Maßstabsebenen - örtlich, regional, nationalstaatlich, kontinental, global -, wobei die Abgrenzung jeweils von pragmatischen, praxisrelevanten Gesichtspunkten bestimmt wird. Wie funktioniert die Vernetzung und Integration der Unternehmungen im räumlichen Zusammenhang? Wie entstehen und bilden sich räumliche Verbände und wie werden sie zu funktionierenden Systemen? usw. "Regionalgeographie" meint dabei explizit **nicht ein "länderkundliches" Paradigma**, das in einer dominant deskriptiven Weise die Wirtschaftsstrukturen der Länder der Erde (einer Auswahl), der Welt als Wirtschaftsraum vermittelt.

Abbildung 4: Gliederung der Wirtschaftsgeographie			
	Beschreibung *Analyse*	*Theorie* *Bildung /-testung*	*Praxis* *Politik*
elementarer Ansatz	STANDORTANALYSE	STANDORTTHEORIE	STANDORTPOLITIK
Unternehmensnetze und -netzwerke	NETZ-ANALYSE	NETZ- UND NETZWERKTHEORIE	NETZWERK-POLITIK
Wirtschaftliche Regionalsysteme	REGIONAL-ANALYSE	REGIONALTHEORIE REGIONALSYSTEME	REGIONALPOLITIK -MANAGEMENT

Geht man von der **didaktischen Funktionen und Zielen** aus *(vgl. unten)*, dann kann man drei Hauptebenen unterscheiden:
- Die **deskriptive und explorative Ebene** widmet sich der **Beschreibung** und **Analyse** und der **Ausweitung des Faktenwissens**,

- die **explikative Ebene** konzentriert sich auf die **induktive oder deduktive Theoriebildung** und **Theorietestung** und
- die **normative Ebene** führt hin zur der **Politik, Anwendung** und **Praxis**.

2.3 Vorlesung - Inhalte und Gliederung

Die oben dargestellte Gliederung der Wirtschaftsgeographie mußte in der Praxis der Umsetzung als Vorlesung zeitlich so strukturiert werden, daß der Stoff in den Rahmen einer 2-stündigen, 2-semestigen Lehrveranstaltung (insgesamt also 4 Semesterwochenstunden) eingepaßt werden kann. Der **Stoff der Wirtschaftsgeographie** wird in der Vorlesung „Angewandte Regional- und Wirtschaftsgeographie" in **zwei Teile** gegliedert, die miteinander eng verflochten sind und aufeinander aufbauen, wobei der erste Teil das Schwergewicht auf den elementaren Ansatz und die Unternehmensgeographie legt, der zweite Teil sich mit den komplexen Wirtschaftlichen Regionalsystemen befaßt:

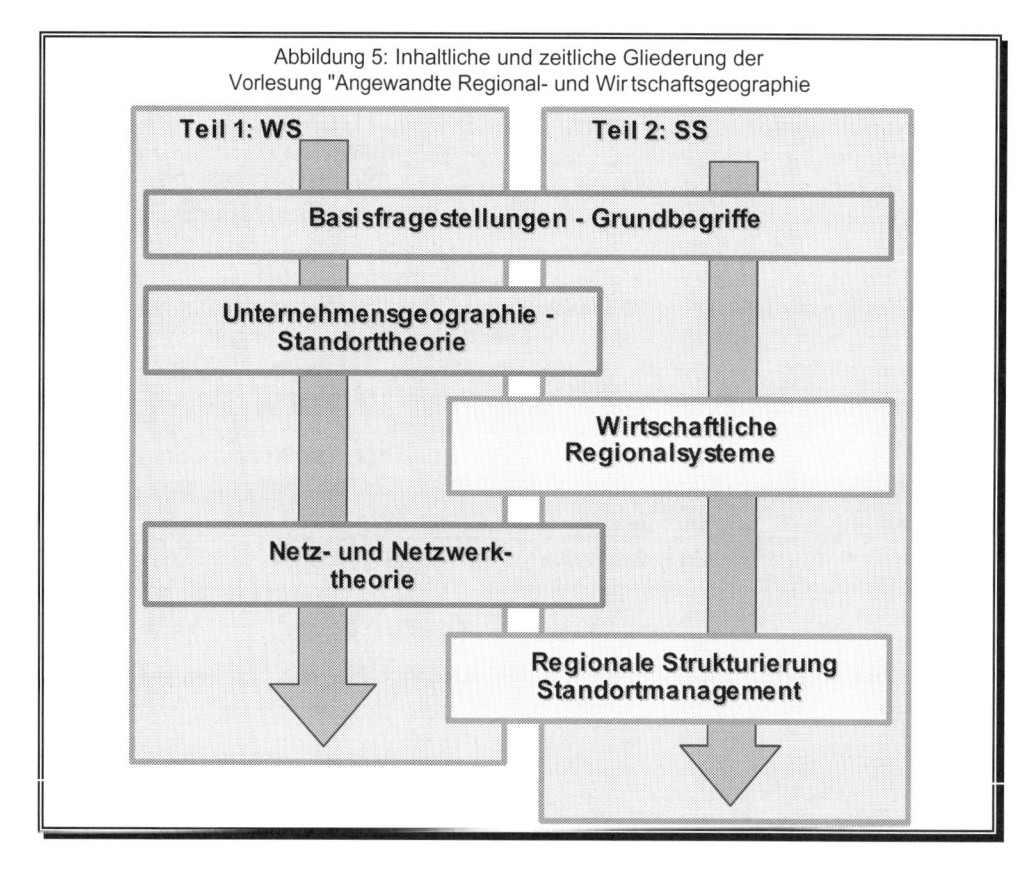

Abbildung 5: Inhaltliche und zeitliche Gliederung der Vorlesung "Angewandte Regional- und Wirtschaftsgeographie

Teil 1: WS — Teil 2: SS

- Basisfragestellungen - Grundbegriffe
- Unternehmensgeographie - Standorttheorie
- Wirtschaftliche Regionalsysteme
- Netz- und Netzwerktheorie
- Regionale Strukturierung Standortmanagement

⇨ **Teil 1: Einführung, Basiskonzepte, Unternehmensgeographie** (in der Regel im Wintersemester): Dieser erste Teil legt das Schwergewicht auf den **elementaren Ansatz** und die **Unternehmensgeographie**, sodaß didaktisch der Vorteil besteht, mit elementaren Fragestellungen beginnen zu können.

1. **Einführung – Was ist Wirtschaftsgeographie?** Aufgabe dieser Einführung ist es, über **Beispiele wirtschaftsgeographischer Objekte oder Fälle** an den Stoff, die Fragestellungen, die **Problemfelder und Themengebiete der Wirtschaftsgeographie** heranzuführen und eine erste Bekanntschaft mit **Modellen und Abbildungsweisen der Wirtschaftsgeographie** herzustellen. Derzeit wird dazu eine Fremdenverkehrsgemeinde, ein international vernetztes Tourismusunternehmen und als deduktives Modell das Moschee-Gleichnis *(vgl. STAUDACHER 1998, S, 13)* verwendet.

2. **Basiskonzepte der Wirtschaftsgeographie**: Nach den ersten **Einstiegsversuchen** mit den Beispielen wirtschaftsgeographischer Themen werden die **Grundbegriffe und –konzepte der Wirtschaftsgeographie** definiert und vorgestellt.
   - ⇨ **Wirtschaftsgeographie** gilt als „Raum-Wissenschaft", daher werden zunächst **räumliche Basisbegriffe** definiert und die **grundlegenden Raumkonzepte** vorgestellt und bewertet.
   - ⇨ Mit der Diskussion über **räumliches Verhalten** wird eine weitere wichtige Grundlage besprochen, nämlich die **verhaltenstheoretische Basis**, von der wirtschaftsgeographische Forschung und Erklärung immer ausgehen muß, trotz der immer wieder als heuristische Modelle eingesetzten neoklassischen bzw. normativen Theoriekonzepte.
   - ⇨ Die **Systemtheorie** liefert die Grundlagen für das Verständnis von Systemelementen, Teilsystemen und die **Struktur und Entwicklung ganzer Wirtschaftlicher Regionalsysteme**. Hier geht es um die **systemtheoretische Fassung von Unternehmen** und die vor diesen entwickelten **Raumsysteme (Unternehmensraum)** und um eine Erfassung der Komplexität Wirtschaftlicher Regionalsysteme.
   - ⇨ Dann wird auf die Aktionseinheiten räumlichen Verhaltens, nämlich auf die „**Wirtschaftseinheiten**" eingegangen, wobei auch auf einige **wirtschaftliche Grundbegriffe** und -tatsachen Bezug genommen werden muß. Dann werden erste Aspekte der **Beziehung Wirtschaftseinheit - Raum**, insbesondere die **räumlichen Implikation**, das **Ambivalenzproblem** und das **Prinzip der Vernetzung und selektiven Raumnutzung** angesprochen.
   - ⇨ Das alles fließt dann in eine **Definition der Wirtschaftsgeographie** und ihrer **Aufgaben**, wobei zunächst **geographische Theorien und Modelle** und einige **methodische Aspekte** vorgestellt und dann **Auffassungen von Wirtschaftsgeographie** referiert werden.

3. **Unternehmensgeographischer Ansatz**: In diesem Hauptteil werden die **Grundprinzipen** der Einführung und Einleitung wieder aufgenommen, die mit dem **Unternehmerverhalten im Raum** zu tun haben: institutioneller Ansatz, räumliche Implikation, Netz-Systeme, kommunikative Raumsysteme, Ambivalenzproblem, ... und damit auf die **Kernfragen des unternehmensgeographischen Ansatzes** hingearbeitet.
   - ⇨ Zunächst wird versucht, das **Konzept der Unternehmensgeographie** mit Bezug auf die schon in der Einleitung besprochenen Grundlagen und Aspekte vorzustellen und in seinen **Dimensionen** abzustecken.
   - ⇨ Die **Unternehmenstheorie** befaßt sich dann mit dem Problem, **warum** es überhaupt **Unternehmen**, Institutionen als Elemente von Wirtschaftlichen

Regionalsystemen gibt und wie sich diese intern und in ihren Außenbeziehungen organisieren und verhalten.

⇨ Darauf aufbauend wird dann das **Interaktionsprinzip** nochmals aufgegriffen, indem, ausgehend vom **Konzept der kommunikativen Raumsysteme,** das Problem der räumlichen Interaktionen und ihrer Selektivität, der **Mobilität** und **Erreichbarkeit** dargestellt wird. Es soll dabei der **Verknüpfungscharakter ökonomischer Institutionen und Systeme** herausgearbeitet werden und damit das Problem der **Trennung der Einheit des Ortes** (und der Zeit) bei Produktionsprozessen als Basisproblem erkennbar werden.

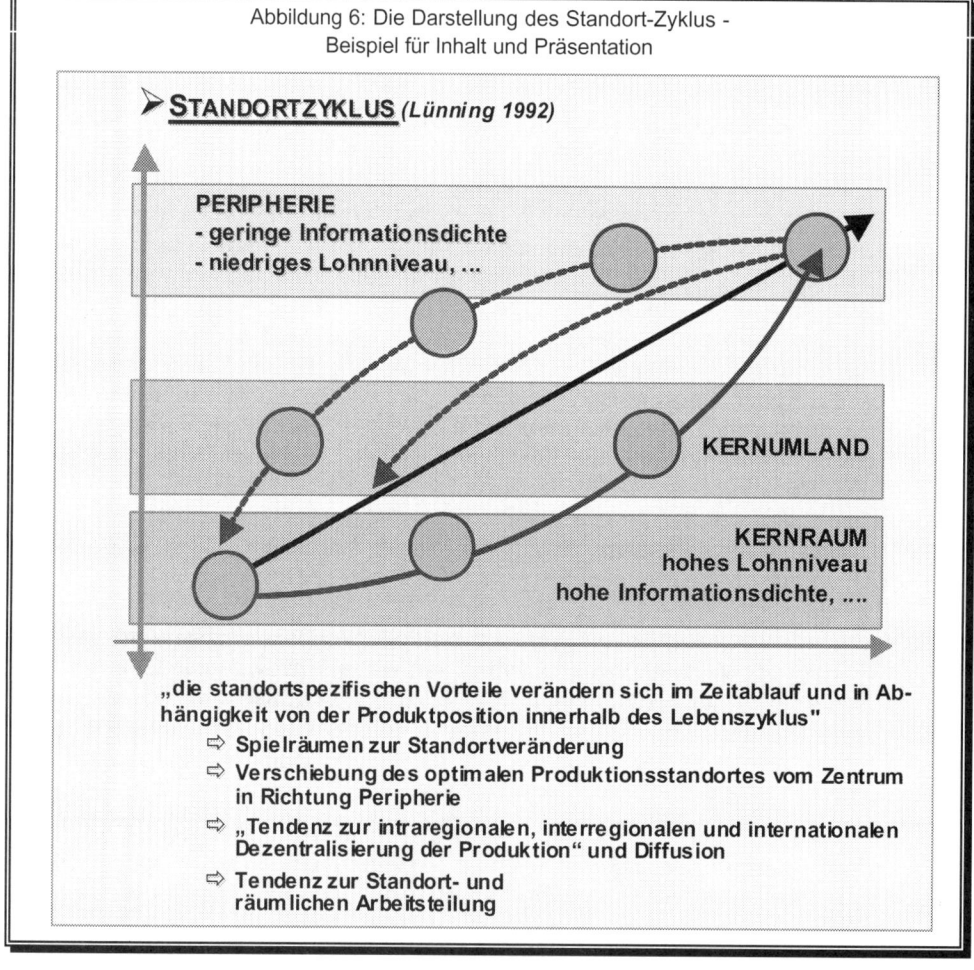

Abbildung 6: Die Darstellung des Standort-Zyklus - Beispiel für Inhalt und Präsentation

➢ **STANDORTZYKLUS** *(Lünning 1992)*

PERIPHERIE
- geringe Informationsdichte
- niedriges Lohnniveau, ...

KERNUMLAND

KERNRAUM
hohes Lohnniveau
hohe Informationsdichte, ...

„die standortspezifischen Vorteile verändern sich im Zeitablauf und in Abhängigkeit von der Produktposition innerhalb des Lebenszyklus"
- ⇨ Spielräumen zur Standortveränderung
- ⇨ Verschiebung des optimalen Produktionsstandortes vom Zentrum in Richtung Peripherie
- ⇨ „Tendenz zur intraregionalen, interregionalen und internationalen Dezentralisierung der Produktion" und Diffusion
- ⇨ Tendenz zur Standort- und räumlichen Arbeitsteilung

⇨ **Unternehmensstandorte - einzelbetriebliche Ansätze**: Hier wird vor allem auf die **klassischen Aussagen der Standorttheorien** eingegangen, die sich praktisch ausschließlich auf **Einbetriebs- und Ein-Standort-Unternehmen** beziehen und dabei die kooperativen und netzwerkartigen Konstruktionen nicht berücksichtigen.
   ▫ Ein erster Schritt ist eine **systematische Behandlung der Standortfrage**, wobei der **Standortfaktorenansatz** als der dem kommunikativen Raum-

konzept entsprechende Ansatz vorgestellt und in seinen Inhalten analysiert wird.
- Vor diesem Hintergrund wird dann das **Problem der Standortentscheidung** diskutiert und die Frage behandelt, **wie mit "Raummerkmalen" umgegangen wird**, wie sie ins ökonomische Kalkül eingebaut werden, wie Standortqualitäten wahrgenommen werden. Das Ganze wird auf den Grundlagen **entscheidungstheoretischer Konzepte** aufgebaut, wobei sowohl Individualentscheidungen (Konsumverhalten, ...) als auch Gruppenentscheidungen (Unternehmensentscheidungen) zu berücksichtigen sind.

⇨ Ein Hauptteil dieses Abschnittes befaßt sich mit den **Standorttheorien** und ihren Aussagen zum **einzelbetrieblichen Standortproblem**, bzw. zum individuellen Standortproblem einzelner Knoten von Unternehmensnetzen; die raumstrukturellen Aussagen dieser Theorien werden erst im Teil 2 wieder aufgegriffen. Dabei wird zunächst versucht, eine gewisse **Ordnung** in die Vielfalt der Theoriekonzepte zu bringen: **Theoretische Basiskonzepte und Paradigmen** (Neoklassik, Verhaltenstheorie, Sturkturansatz, ...), **Theorien der optimalen Standortwahl** (Industriestandortlehre, Gewinnzonenmodell, Theorie der Zentralen Orte, Theorie der Marktnetze, Agglomerationstheorie), **Theorien der räumlichen Konkurrenz und Spezialisierung** (Lagerententheorie, Bodenrententheorie).

⇨ Im Gegensatz zum einzelbetrieblichen Ansatz und ausgehend von der **kommunikativen Raumkonzeption** wird dann das **Konzept der Unternehmensnetze und der Netzwerke** ins Zentrum gestellt. Dieser Ansatz ist besonders wichtig, weil nur damit die reale Situation der räumlichen Gegebenheiten und der räumlichen Implikation (aktiv und passiv) wirklich erfaßt werden kann.
- Es beginnt mit einer Darstellung des **Netz- und Netzwerkkonzeptes** in seinen **definitorischen und grundsätzlichen Aspekten**.
- Eine **Typisierung von Unternehmensnetzen und -netzwerken**, wozu ein umfangreiches Kriteriensystem entwickelt werden muß, soll einen systematischen Überblick über die Vielfalt auftretender Formen liefern: Investitionsart, Koordinationssysteme, räumliche Dimension, Größe, Form der Netze, Zentralität usw.
- Darauf aufbauend wird dann die **Netz- und Netzwerktheorie** besprochen, wobei wir zuerst auf Konzepte eingehen, die eine Begründung der Existenz und Ausbildung von Netzen versuchen: Transaktionskostenansatz, Internationalisierungstheorien und die Theorie der Aggregation von Standortvorteilen. Dann gehen wir auf die **Problematik der Netze im Raum** ein, diskutieren zunächst wichtige räumliche Grundraster der Netzbildung und gehen dann auf wichtige **Erklärungsansätze der räumlichen Struktur** von Netzen ein: Standorttheorien und Netze, räumliche Hierarchien, Lebenszyklus, ...

➲ Teil 2: Wirtschaftliche Regionalsysteme (in der Regel im Sommersemester): In diesem **regionalgeographischen Ansatz** *(vgl. oben)* geht es in einer Vertiefung der Fragestellungen um die komplexen Strukturen und Prozesse von und in **Wirtschaftlichen Regionalsystemen** und um die Darstellung von „**Raumtypen**" (Städtesysteme, Formationen, Zonen usw.). Dieser zweite Teil befaßt sich mit der

Struktur und den **Entwicklungen** und mit der **Steuerung Wirtschaftlicher Regionalsysteme** aus **integrativer Sicht** in den verschiedensten Dimensionen

1. Auf der Grundlage **entsprechender Aussagen und Definitionen über Wirtschaftliche Regionalsysteme** im Teil 1 der Vorlesung werden zunächst an **Beispielen Wirtschaftlicher Regionalsysteme** wesentliche Aspekte aufgezeigt und in die Problematik eingeführt: **Stockerau** als (kleines) Wirtschaftliches Regionalsystem, **Europa als Großwirtschaftsraum**.

2. Auf des Basis der **systemtheoretischen Grundlagen** wird dann versucht **Wirtschaftliche Regionalsysteme** in ihren **Grundstrukturen** darzustellen und ein „**Modell**" zu entwickeln, weil damit eine **praktisches Instrument der konkreten Analyse individueller Wirtschaftlicher Regionalsysteme** geschaffen werden kann:
   ⇨ Zunächst studieren wir die **generelle innere Ordnung** und **Struktur** (Elementar-, Intermediär- und Regelungsstruktur) solcher komplexer Strukturen und ihre „**Funktionsweise**" und entwickeln so ein **Grundmodell**.
   ⇨ Dann gehen wir auf **räumliche Strukturen Wirtschaftlicher Regionalsysteme** ein, weil damit auf die wirtschaftsgeographischen Grundfrage der „**räumlichen Ordnung**" Bezug genommen werden kann.
   ⇨ Der nächste Abschnitt befaßt sich mit der **Entstehung und dem Wandel Wirtschaftlicher Regionalsysteme** und wir diskutieren die Wirksamkeiten **dissipativer Strukturen**.
   ⇨ Ausgehend von der **hierarchischen Grundstruktur** werden dann wesentliche **Grundformen Wirtschaftlicher Regionalsysteme** - Dorf, Stadt, Volkswirtschaftsregion, usw. - systematisch diskutiert.

3. **Räumliche Strukturen Wirtschaftlicher Regionalsysteme**: Die **Ordnungen und Strukturen**, die durch **interne Verflechtungen** zwischen den Elementen und Strukturebenen und in einem ständigen Prozeß der **dissipativen Veränderung** produziert werden, werden zunächst in einem explikativen Ansatz diskutiert:
   ⇨ In einem ersten Schritt werden **Formationen**, **Cluster** und **Regionale Netzwerke** als grundlegende **Erscheinungsform kommunikativer Bedingungen** in Wirtschaftlichen Regionalsystemen behandelt; diese interessieren sowohl als gewachsene **Strukturen** und als Instrumente der **räumlichen Strukturierung** als auch als **räumliche Management- und Regional-Strategien**.
   ⇨ Dann behandeln wir die **Zentren und Zentrensysteme** und die **Zentren und Städte selbst** und sprechen damit das **wichtigste Strukturierungsinstrument** (insbesondere in modernen) Regionalsystemen an und kommen damit auch zu den wichtigen **Struktur- und Raumtheorien**: Theorie der Zentralen Orte, Theorie der Steuerungszentralen, Verstädterungstheorie usw.
   ⇨ Auf der Grundlage des **arealen und geosphärischen Raumkonzepts** behandeln wir dann **Eignungsräume und Oberflächen** als **Potentialräume** wirtschaftlicher Aktivitäten: THÜNEN-**Räume**, **Märkte**, **Kulturräume**, verschiedenen Formen von **territorialen Organisationen**, **Kern-Peripherie-Strukturen** und dann **geosphärische Muster (Naturräume)**.
   ⇨ Dann gehen wir - wieder mit Bezug auf das kommunikative Raumkonzept - auf die **Verkehrs- und Kommunikationssysteme** als **lineare und netzarti-**

ge **Strukturen** ein und diskutieren die **Erschließungs- und Erreichbarkeitsleistung** für Standortqualitäten und Eignungsräume.

4. **Vernetzungen, Interaktionen** und die verschiedenen **Formen und Funktionen von Verknüpfungs- und Tauschsystemen** sind die **verbindenden Komponenten** in und zwischen Wirtschaftlichen Regionalsystemen, durch die erst die verschiedenen **räumlichen Strukturen gebildet und integriert** werden. Es interessiert also vor allem die **Raum-"bildende" und Raum-"schaffende" Verknüpfungsleistung** und damit die „**Erschließungsfunktion**":

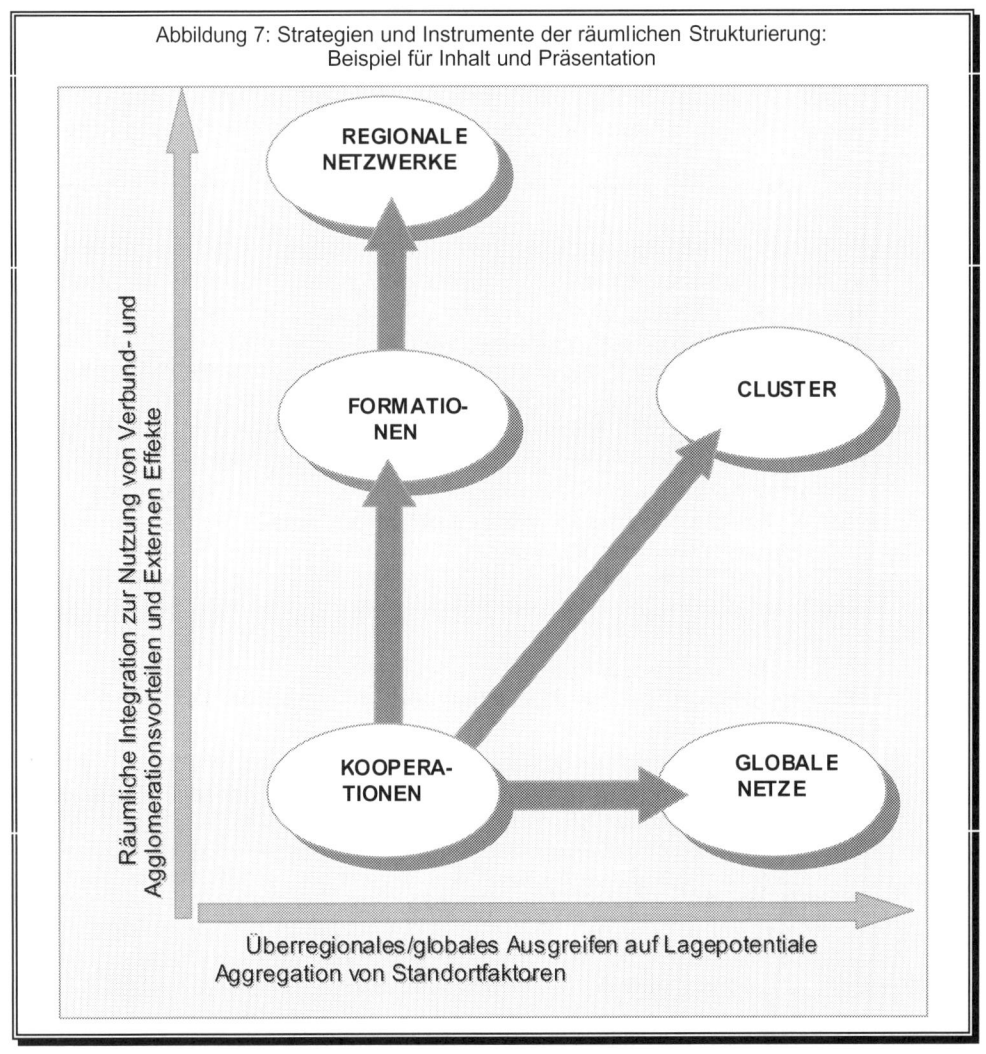

Abbildung 7: Strategien und Instrumente der räumlichen Strukturierung: Beispiel für Inhalt und Präsentation

⇨ Zunächst stehen die **grundsätzlichen Fragen** von **Vernetzungen, Tausch** und **Integration in Wirtschaftlichen Regionalsystemen** und deren **systemschaffenden Funktion** und die **Theorie der Faktor- und Gütermobilität** und die **Außenhandelstheorien** im Zentrum und es wird auf die **Integrationstheorie** und die Rolle von **Handelsdiensten** und deren „**Agenturlei-**

stungen" eingegangen. Als Beispiele der Vernetzung innerhalb von Wirtschaftlichen Regionalsystemen behandeln wir **Arbeitsmobilität und Arbeitsmärkte** und **Handelssysteme**, mit denen dann stärker (internationale) Verflechtungen **zwischen Wirtschaftlichen Regionalsystemen** betont werden.

⇨ Abschließend wird dann das **Spannungsfeld Globalisierung - Regionalisierung** diskutiert und damit das Problem des **Zusammenspiels zwischen Gesamtsystem** (Weltwirtschaft) und den **Subsystemen** (Regionen, Volkswirtschaften) aufgegriffen.

5. **Prozesse in Wirtschaftlichen Regionalsystemen**: Schon im Rahmen der strukturellen Aspekte, insbesondere bei den Fragen der Größe, haben wir immer wieder **Aspekte der Dynamik** und von **Wirkungsketten** angesprochen (z. B. Regionaleffekte, ...): Hier geht es darum, auf der Basis der **systemtheoretischen Grundlagen,** die dynamischen Prozesse und Abläufe in Wirtschaftlicher Regionalsystemen zu analysieren und entsprechende Theoriekonzepte zu behandeln.

⇨ Zunächst werden **Grundmuster und Grundformen von Prozessen und Veränderungen diskutiert** und besonders **systemtheoretische Anknüpfungspunkte** (dissipative Strukturen, ...) herausgearbeitet.

⇨ Sehr wesentlich erscheint an dieser Stelle auch ein nochmaliger Blick auf die **klassischen Standort- und Raumstrukturtheorien** und die **Möglichkeiten einer Dynamisierung**: THÜNEN-Landschaften und CHRISTALLER-Landschaften.

⇨ Dann behandeln wir entsprechend dem Konzept der Entwicklungspfade und Systemregime **Stufentheorien**, wobei wir zwischen **partiellen und sektoralen Konzepten** und **sozialwirtschaftlichen Konzepten** und **räumlichen Stufenprozessen** unterscheiden.

⇨ Dann scheint es sinnvoll, auf die **Regionszyklen** und die **Lebenszyklusmodelle** einzugehen, die von einer theoretischen Ebene her **Entwicklungspfade** beschreiben.

⇨ Die **Regulationstheorie** liefert dann einen Ansatz, mit dem ausgehend vom systemtheoretischen Konzept wichtige Aspekte aufgegriffen werden können.

⇨ Abschließend wird dann anhand der **Regionalen Wachstums- und Entwicklungstheorien** das **Problem der Disparitäten** behandelt, weil damit ein Bezug nicht nur zur räumlichen Differenzierung in Wirtschaftlichen Regionalsystemen hergestellt werden kann, sondern auch zur Regionalpolitik: **Regionale Polarisation**, **Kern-Peripherie-Konzepte**, **Polarisationstheorie**, ...

6. **Steuerung Wirtschaftlicher Regionalsysteme**: In diesem abschließenden Kapitel wollen wir auf die Möglichkeiten und Wirkungen der **bewußten Steuerung der Struktur und Entwicklung Wirtschaftlicher Regionalsysteme** eingehen. Es geht hier um die praktische Umsetzung wirtschaftsgeographischer Erkenntnisse in der **Raumwirtschaftspolitik**, der **Regionalpolitik** und **Regionalentwicklung**, der **Stadtplanung**, im **Regionalmarketing** usw., also um die **Anwendung auf (ganze) Wirtschaftliche Regionalsysteme** und um die **Steuerung durch die Regelungsstruktur**. Die Anwendung wirtschaftsgeographischer Erkenntnisse auf die Elemente Wirtschaftlicher Regionalsysteme haben wir bereits unter dem einzelbetrieblichen und unter dem Netzwerkansatz ausführlich diskutiert.

⇨ Wir befassen uns zunächst mit einigen **Grundfragen der Steuerung Wirtschaftlicher Regionalsysteme** und
⇨ mit der **aktiven Strukturierung Wirtschaftlicher Regionalsysteme**, ihrer Begründung, den **Zielen** und den „**Raum-Modellen**, den **Strategien** und **Instrumenten**.
⇨ Dann **diskutieren** wir einige **Konzepte der Regionalpolitik und –entwicklung** - traditionelle, innovationsorientierte endogene Regionalpolitik, Regional- und Stadtmarketing - und
⇨ schließen die Betrachtung mit einigen Aspekten der **Regionalpolitik in Österreich**, insbesondere mit Bezug auf die **Integration in die EU-Regionalpolitik**.

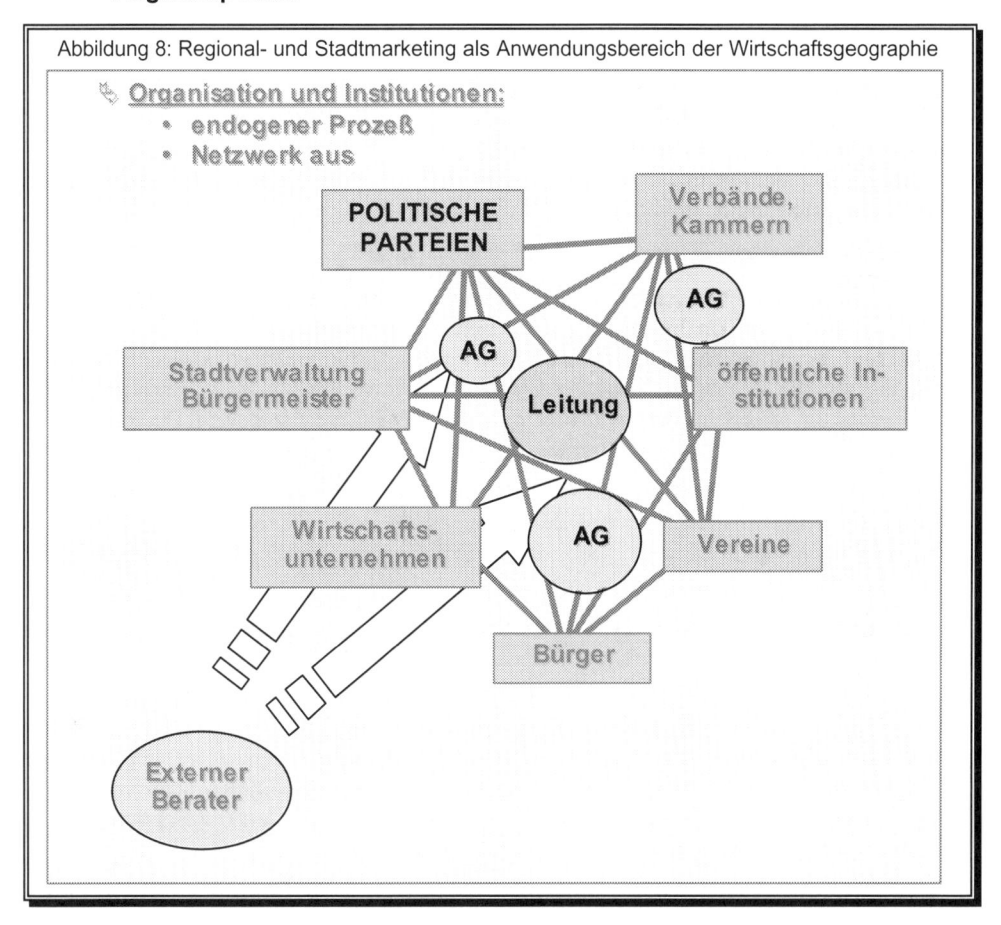

Abbildung 8: Regional- und Stadtmarketing als Anwendungsbereich der Wirtschaftsgeographie

Die Vorlesung spannt so einen weiten Bogen und geht einen zyklischen Weg durch das **Stoffgebiet der Wirtschaftsgeographie** (Unternehmensgeographie/Geographie Wirtschaftlicher Regionalsysteme), mit dem ein enger **Bezug zu den Kernfächern der Wirtschafts- und Sozialwissenschaften** gesucht wird. Wichtig ist dabei eine **bewußte Auswahl** und **Schwerpunktsetzung** auf **angewandte und theoretische Fragestellungen**, um eine Integration von Theorie und Praxis zu versuchen, und der bewußte Einsatz des **systemtheoretische Konzeptes**, um der **Komplexität des Forschungsobjektes** gerecht zu werden.

2.4 Realisierung

Wie jedes menschliche Tun ist auch eine Vorlesung immer unfertig und nicht endgültig. Die Konzeption der Vorlesung "Angewandte Regional- und Wirtschaftsgeographie" ist aus vielfältigen wissenschaftlichen und Lehraktivitäten der achtziger und neunziger Jahre entstanden, wobei die Beschäftigung mit der **Dienstleistungsgeographie** *(STAUDACHER 1991)* und eine entsprechende Vorlesung und, wie schon festgestellt, der **systemtheoretische Ansatz nach RITTER** *(1991)* wesentliche Einschnitte darstellten. 1997 entstand dann, nach Ausscheiden von Doz. Jülg, der point of no return. Im Studienjahr 1997/98 wurde die Vorlesung in einer Erstfassung auf der Basis des oben dargestellten Grundkonzeptes gelesen. Strukturen, Inhalte der Vorlesung, das Skriptum und die Präsentationsunterlagen, werden laufend überarbeitet, verbessert und mit neuen wissenschaftlichen Ergebnissen ergänzt. Seit dem **Studienjahr 1998/99** werden die hier dargestellten **Strukturen und Inhalte als Grundlage der Vorlesung** und auch für den **Prüfungsstoff für die Vorprüfung** aus Wirtschaftsgeographie verwendet.

a) Die Vorlesung

Die Vorlesung selbst ist zwangsläufig als "**Vortragsunterricht**" konzipiert, weil dieser bei einer **Einführung in ein Fachgebiet für WahlfachstudentInnen**, die in nur kurzer Zeit doch recht tief in die Materie eindringen müssen, die **rationellste Form** ist, mit der ein breiter Überblick vermittelt werden kann. Der Vortrag, der mit umfangreichem Anschauungsmaterial unterstützt wird, soll folgende Funktionen erfüllen:

⇨ Das **exploratives/explikatives Ziel** wird zur **eine Erkundung des jeweiligen Themenfeldes** in Form von **Beispielen** (eine Typregion, ein typisches Unternehmen) realisiert; aus diesen werden dann Ordnungen entwickelt und Erklärungsansätze abgeleitet.

⇨ **Ordnende Ziele**: In einer Einführung ist es notwendig, Sachbereiche zu ordnen, **Ordnungsschemata** aufzubauen und **Typen** zu bilden und zu beschreiben. Diese Inhalte sind in der Regel durch Ihre Form als Listen, Tabellen, Schemata, Flußdiagramme etc. erkennbar.

⇨ **Definitorische Ziele**: Die Einführung in eine Fachgebiet erfordert die Klärung von **Begriffen**, die im Studium und in der Praxis als Werkzeug der Kommunikation verwendet werden können. Die Begriffsdiskussion ist aber auch ein wesentliches Instrument der **Entwicklung von Grundkonzeptionen**;

⇨ **Methodische Ziele**: In diesen Abschnitten werden einige **forschungstechnische, empirisch-methodische Aspekte** angeschnitten: Welche Daten sind notwendig? Von wo können diese bezogen werden? Nach welchen Gesichtspunkten sollen die Daten verwendet werden? Es geht hier nicht um eine Einführung in Forschungsmethoden und -techniken, sondern eher um theoretisch begründete Daten- und Analyseprobleme usw. Was ist der konkrete Erklärungsinhalt in einem wirtschaftsgeographischen Thema? Mit welchen Daten und Analyseansätzen kann dieser verwirklicht werden? usw.

⇨ **Beschreibende, wertende Ziele**: In diesen Abschnitten sollen allgemeine Aspekte dargestellt und **„geographisches" Allgemeinwissen** vermittelt werden. Dieses ist auch in einem Wahlfach notwendig und Rahmenbedingung des Umganges mit und des Verständnisses von Begriffen, Konzepten und Theorien.

⇨ **Theoretisches Ziel**: Entsprechend der **Funktion von Theorien in der Praxis** (siehe oben) kommt diesen Zielen eine zentrale Rolle zu. Daher werden in breiter Form die wichtigsten Inhalte **wirtschaftsgeographischer Erklärungsansätze** formuliert, diskutiert und bewertet und **Modelle** entwickelt und vorgestellt.

⇨ **Praktisch-politische Ziele**: Hier geht es darum, den **Praxisbezug** herzustellen, in die Kernfächer des Wirtschaftsstudiums einzubinden und über Handlungsfelder zu reden.

b) Das Skriptum Wirtschaftsgeographie[6]

Parallel zur laufenden Durchführung der Vorlesung wurde damit begonnen, den Inhalt auch im **Volltext** auszuarbeiten und in Form eines **Skriptums** niedergelegt. Damit wird für die StudentInnen ein Medium geschaffen, mit dem sie parallel zur Vorlesung arbeiten können (Vorbereitung, Nachlesen) und das auch als **Grundlage für weiterführende Lehrveranstaltungen** (Proseminar, Seminare) verwenden kann. Ein ganz wichtige Funktion des Skriptums besteht darüber hinaus aber auch in der **Festlegung des Prüfungsstoffes** zur Vorprüfung; es braucht zur Prüfungsvorbereitung keine weitere Literatur!

c) Präsentation

Von Anfang an wurde auf die Aufbereitung der Vorlesungsinhalte über entsprechende **Präsentationsmedien** großer Wert gelegt *(vgl. z.B. Abb 4 und 5)*. Alle Lehrinhalte werden im Vortrag durch Graphiken, Texte auf **Overhead-Folien** unterstützt. Derzeit läuft die Umarbeitung in **animierte Power-Point-Präsentationen**. Diese zusätzlichen Unterlagen sind in der Homepage der Abteilung unter folgender Adresse abrufbar: http://www.wu-wien.ac.at/wwwu/institute/awi/Lehre/index.htm

Literatur:

ARNOLD, K.: Wirtschaftsgeographie in Stichworten, Berlin-Stuttgart 1992
BOESCH, M.: Theorie und Praxis der Engagierten Geographie. Publikationen der Forschungsstelle für Wirtschaftsgeographie und Raumplanung der Hochschule St. Gallen, Nr. 12, St. Gallen 1987
CHAPMAN, G. P.: Human and Environmental Systems, A Geographer's Appraisel, London 1977
COFFEY, W. J.: Geography. Towards a General Spatial Systems Approach. London - New York 1981
DICKEN, Peter; LLOYD, Peter E.: Standort und Raum. Theoretische Perspektiven in der Wirtschaftsgeographie. UTB große Reihe Nr.8179. 1999.
HAGGETT, P.: Geographie, Eine moderne Synthese, Stuttgart 1991
JÜLG, F.: Allgemeine Wirtschaftsgeographie. Begleittext zum Proseminar. Wien, 1991
KISS, G.: Grundzüge und Entwicklungen der Luhmann'schen Systemtheorie, 2. Aufl., Stuttgart 1990
LAULAJAINEN, R. - STAFFORD, H.A.: Corporate geography: business location principles and cases, (The GeoJournal library ; 31), Dordrecht 1995

---

[6] *siehe Literaturverzeichnis*

RITTER, W.: *Allgemeine Wirtschaftsgeographie, eine systemtheoretisch orientierte Einführung*, München - Wien, 1991

SCHÄTZL, L.: *Wirtschaftsgeographie I: Theorie*, 4. Aufl., Uni-Taschenbücher 782, Schöningh, Paderborn, 1992

SCHÄTZL, L.: *Wirtschaftsgeographie 3: Empirie*, 2. Aufl., Uni-Taschenbücher 1052, Schöningh, Paderborn, 1978

SCHÄTZL, L.: *Wirtschaftsgeographie 3: Politik*, 2. Aufl., Uni-Taschenbücher 1383, Schöningh, Paderborn, 1991

SCHÜLEIN, J.A. - BRUNNER K.-M.: *Soziologische Theorien, Eine Einfürhung für Amateure*, Wien 1994

SEDLACEK, P.: *Wirtschaftsgeographie, Ein Einführung*. Darmstadt 1994

SOUZA, A. R. de - STUTZ, F. P.: *The World Economy, Ressources, Location, Trade, and Development*, New York 1995

STAUDACHER, Ch.: *Wirtschafts- und Sozialgeographie*. In: Österreichische Hochschulzeitung, 36. Jg., Nr 12, S. 18 - 22, Wien 1984.

STAUDACHER Ch.: *Wirtschaftsgeographie Teil 1: Einführung, Basisfragestellungen, Unternehmensgeographie*, 2. Auflage, Wien 1998

STAUDACHER Ch.: *Wirtschaftsgeographie Teil 2: Wirtschaftliche Regionalsysteme: Strukturen, Prozesse, Steuerung*, 1. Auflage, Wien 1999

VON ROHR, G.: *Angewandte Geographie, Das Geographische Seminar*, Braunschweig 1994

Evaluierung Der Lehre
der „Abteilung für Angewandte Regional- und Wirtschaftsgeographie" (A^{R}WI)"

Evaluation of Teaching
at the "Department of Applied Regional and Economic Geography (A^{R}WI)"

Christian STAUDACHER, Wien

Kurzfassung

Das Lehrprogramm der A^{R}WI wurde im Jahr 1999 evaluiert. Dabei wurde nach dem vom Vizestudiendekanat ausgearbeiteten Evaluierungskonzept vorgegangen. Diese sieht zwei Ebenen der Evaluierung vor: die Interne Evaluierung und die Externe Evaluierung; beide Schritte münden in einem Evaluierungsbericht von drei Gutachtern. Es ist Aufgabe der akademischen Einheit die Verbesserungsvorschläge nach Möglichkeit umzusetzen.

Abstract

The A^{R}WI teaching programme was evaluated in 1999, following the evaluation concept developed by the Vice Dean of Studies. This provides for two levels of evaluation: the Internal Evaluation and the External Evaluation; both steps are combined in an evaluation report submitted by three experts. It is the academic unit's task to implement the suggestions for improvement if possible

Das Lehrprogramm der A^{R}WI wurde im Jahr 1999 evaluiert. Dabei wurde nach dem vom Vizestudiendekanat ausgearbeiteten Evaluierungskonzept vorgegangen [1]. Diese sieht zwei Ebenen der Evaluierung vor: die Interne Evaluierung und die Externe Evaluierung.

1 Interne Evaluierung

Die interne Evaluierung besteht aus **drei Arbeitschritten**, der Selbstbeschreibung und -bewertung des Lehrprogrammes und seiner Umsetzung durch den Abteilungsleiter und die Lehrenden des Programms "Wirtschaftsgeographie", der Erhebung von Informationen zur Beurteilung des Lehrprogramms durch die Studierenden, und der Ausarbeitung des internen Evaluierungsberichtes [2].

---

[1] *http://www.wu-wien.ac.at/sdekanat/eval*
[2] *liegt als Manuskript in der Abteilung auf*

- Die **Selbstbeschreibung und -bewertung des Lehrprogrammes** wurde von allen Lehrenden der Abteilung gemeinsam erstellt und in ausführlichen Diskussionen analysiert und bewertet. Diese Selbstbewertung hat auf der Positivseite ergeben, daß trotz eines großen aber auch belastenden quantitativen und qualitativen Lehrumfanges eine hohe Dienstleistungsqualität realisiert wurde, als Negativa mußten wir selbst die Gestaltung und Nutzbarkeit der damaligen Homepage, die Situation bei der Prüfungsliteratur und den Lehrveranstaltungsunterlagen und die inhaltliche Koordination der Lehre bewerten.

- Die **Studentenbefragung** hat ergeben, daß die Abteilung als organisatorische Einheit und das Lehrprogramm insgesamt sehr positiv bewertet wurden, wobei besonders die persönlich Betreuung und Dienstleistungsqualität hervorstechen. Als Mängel werden die schlechte Homepage, die Literatur- und Bibliotheksbenutzung, die Lehrunterlagen und z.T. der Bezug der Lehre zum WU-Studium und zur Praxis herausgearbeitet.

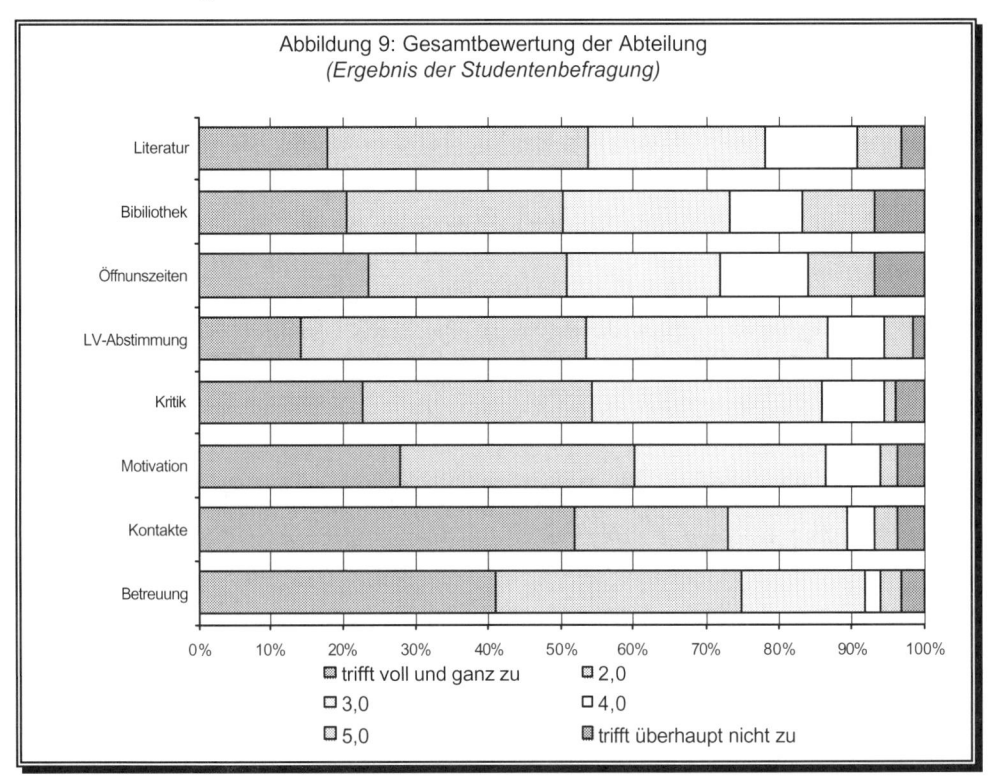

Abbildung 9: Gesamtbewertung der Abteilung
(Ergebnis der Studentenbefragung)

- Der **interne Evaluierungsbericht** (36 Seiten + Anhang) besteht aus einer kritischen Beschreibung des Lehrprogrammes und des Wahlfach-Curriculums, diskutiert wesentliche Aspekte der Umsetzung des Lehrprogrammes (Organisation, Lehrmethoden, ...), wobei als Maßstab besonders die Beurteilung durch die StudentInnen verwendet wird.

2 Beurteilung durch die Gutachter[3]

Gesamtbeurteilung

Die A^{R}WI schöpft bei der **Gestaltung und Durchführung des Lehrprogrammes** für das Wahlfach „Wirtschaftsgeographie" und für den 3. Studienabschnitt aus dem aktuellen Fundus der geographischen, speziell der wirtschaftsgeographischen, aber auch der verwandten und benachbarten Fächer (BW, VW, Soziologie, ...) aber auch aus der grundlegenden und angewandten eigenen Forschungstätigkeit. Dieser Wissensstand wird für die Studierenden der Wirtschafts- und Sozialwissenschaften zielgruppenorientiert aufbereitet *(siehe unten)*. Die Lehre ist durch folgende **Kernpunkte** bestimmt:

Tabelle 1: Zusammenfassung der Ergebnisse der internen und externen Evaluierung und Verbesserungspotentiale

Qualitative Bewertung		Kriterien	Verbesserungs-potential
interne	Studenten		
	+++	GESAMTBEWERTUNG DER ABTEILUNG	
	+++	KONTAKTFREUDIGKEIT, PERSÖNLICH	
	+	MOTIVATION	
	--	ÖFFNUNGSZEITEN	⇨⇨
	---	LITERATUR, BIBLIOTHEK	⇨⇨⇨
++	++	DIENSTLEISTUNGSQUALITÄT	
+	+++	BETREUUNG DER STUDIERENDEN	
+	++	DIPLOMARBEITSBETREUUNG	
	-	HOMEPAGE-BENUTZUNG	⇨
--	---	HOMEPAGE-BEWERTUNG	⇨⇨⇨
+	--	KOMMUNIKATION - INFORMATION	⇨⇨
	+++	GESAMTBEWERTUNG DES WAHLFACHES	
	+++	WAHLFACHEMPFEHLUNG	
+	+-	PRAXISBEZUG	⇨⇨
+	+	FACHLICHE AKTUALITÄT	
+	--+	LERNUNTERLAGEN	⇨⇨
-	++	KOORDINATION DER LEHRE	⇨⇨
+	--	INTEGRATION IN WU-STUDIUM	⇨⇨
	-	LEHRVERANSTALTUNGSZEITEN	⇨
	+-	VORTRAGSQUALITÄT	⇨
++	++	LEHRUMFANG	
-		PRÜFUNGSLITERATUR, -UNTERLAGEN	⇨⇨
+	+	BEURTEILUNGSSYSTEM	
	+	BEGLEITPROJEKTE	
≈	≈	EXKURSIONEN	⇨
≈	+-	BEZUG ZUR BERUFSPRAXIS UND -WAHL	⇨

---

[3] *Als Gutachter waren bestellt:*
Univ. Doz. Dipl.Vw. Dr. Thomas REICHART, *Lehrstuhl für Wirtschafts- und Sozialgeographie der Sozial- und Wirtschaftswissenschaftlichen Fakultät der Universität Erlangen-Nürnberg, Lange Gasse 20, D 90020 Nürnberg;*
Mag. Josef WANAS, *ÖAR-Regionalberatung Gmbh. Schillerstraße 3 b, 2000 Stockerau;*
Mag. Dr. Sonja BRUSTBAUER, *ehem. Dissertantin der Abteilung.*

1. Im Zentrum steht die **Einführung in die Grundfragen, Theorien und Bedingungen der räumlichen Organisation und Steuerung der Wirtschaft**.

2. Dabei werden zwei wichtige Zugänge verfolgt: ein **unternehmensgeographischer Ansatz** (mit starken Bezügen zur Betriebswirtschaftslehre), der sich mit dem räumlichen Verhalten und den Wirkungen von Wirtschaftsunternehmen im Wirtschaftsraum befaßt, und ein **regionalgeographischer Ansatz**, der regionale Systeme, ihre Funktionsweise, räumliche Struktur und Entwicklung und ihre Steuerung zum Thema hat.

3. **Thematische Schwerpunkte** der Lehre, die sich vornehmlich aus der Forschungsarbeit der wissenschaftlichen Mitarbeiter der A^RWI ergeben, sind die Dienstleistungsgeographie, die Tourismus- und Freizeitgeographie, die Agrargeographie, die Industrie- und die (Außen-)Handelsgeographie.

4. Die **Anwendung** der damit vermittelten Erkenntnisse und Fähigkeiten erfolgt durch die Behandlung von konkreten, aktuellen Problemstellungen (Fallstudien von Unternehmen und Betrieben, regionale Beispiele, ...), die als **Praxisprojekte** behandelt werden; z.T. werden diese nach Interessenslage der StudentInnen gewählt. In diesem Bereich sollte eine stärkere Zusammenarbeit mit öffentlichen Institutionen und der Wirtschaft gesucht werden

Das relativ breite und anwendungsorientierte Programm folgt einem **wirtschaftsgeographischen Konzept**, das sich auch an anderen Wirtschaftsuniversitäten und -fakultäten bewährt hat.

Das Lehrprogramm bietet vielfältige **Anknüpfungspunkte zum Programm der Kernfächer der WU** (spezielle Betriebswirtschaftslehre, Volkswirtschaftslehre, z.T. zu den Wirtschaftssprachen). Aus der Kompatibilität zum Studium der anderen Wirtschaftsfächer und den dabei entstehenden Synergieeffekten ergibt sich für die Studierenden eine besondere Attraktivität (siehe: interner Evaluierungsbericht).

➲ Daher ist es aus unserer[4] Sicht sinnvoll, **integrative Lehrangebote** zu entwickeln (z. B. Kompetenzfelder), die z.B. berufsorientierte Programme anbieten: z. B. Regionalmanagement, Stadt-, Regional- und Standortmarketing.

Die Lehrveranstaltungen und ihr Zusammenhang

- Für das **Wahlfach**, das mit der Vorprüfung abgeschlossen wird, sind nach geltender Studienordnung 4 Wochenstunden [WSt.] Vorlesungen, 2 WSt. Proseminar und 2 WSt. Seminar zu absolvieren.
- **Diplomanden** haben 2 WSt. Übungen und 2 WSt. Oberseminar zu besuchen,
- **Dissertanten** 2 WSt. Übungen und 4 WSt. Dissertatenseminare.

Der sich daraus ergebende Bedarf an Lehre und Lehrveranstaltungen wird durch ein klar strukturiertes Lehrprogramm abgedeckt und läßt ein **stufiges Curriculum** erkennen:

- Durch die **Basisvorlesung „Allgemeine Wirtschaftsgeographie"** erhalten die StudentInnen einen grundlegenden Überblick über das fachlich weit gesteckte Spektrum an grundlegenden, theoretischen und praktischen Fragestellungen. Bis zum WS 1995/96 wurde diese von JÜLG gelesen, ab dem SS 1996 wird diese mit

---

[4] *aus der Sicht der drei Gutachter*

völlig neuen Inhalten und neugestalteter Systematik (vgl. oben: Lehrschwerpunkte) von STAUDACHER gelesen: Theoretisches Basiskonzept ist dabei der systemtheoretische Ansatz nach Ritter (1991). Die Lehrinhalte werden den StudentInnen zusätzlich durch ein umfassendes zweibändiges ausführliches Skriptum zugänglich gemacht, das gleichzeitig Pflichtliteratur der Vorprüfung ist.

- **Vorlesungen mit regionalem Schwerpunkt** (Österreich, Mitteleuropa, EU, Osteuropa) ergänzen fallweise das Lehrprogramm.

- Diese grundlegenden Lehrinhalte werden durch 3 **Proseminare** (HOFMAYER, STAUDACHER, ZAFARPOUR) vertieft und z.T. erweitert. Die Proseminare sind in den Inhalten generell auf die Vorlesung abgestimmt, jedes hat aber spezielle Lehrschwerpunkte, sodaß die StudentInnen nach ihren Interessen wählen können. In die Proseminare sind auch methodische und forschungstechnische Themen eingebaut.

- Die 4 **Seminare** sind vor allem auf die praktische Anwendung des grundlegenden, theoretischen und methodischen Grundwissens ausgerichtet. ARNOLD organisiert diese in der Regel als Projektseminare (außerhalb Wiens) und in enger Zusammenarbeit mit Auftraggebern aus der Praxis, JÜLG spezialisiert sich auf aktuelle und angewandte Themen Österreichs (aber auch Europas oder von Übersee). STAUDACHER organisiert die Seminare als Blocklehrveranstaltungen, in denen Projektgruppen unterschiedlicher Größe angewandte Themen (z.T. mit Bezug auf Auftragsprojekte) bearbeiten.

- Eine ganz besonders wichtige, weil für die geographische Lehre besonders ertragreiche Lehrform, sind **Seminar-Exkursionen** (ARNOLD, JÜLG, STAUDACHER), die mindestens einmal jährlich angeboten werden (z.B. Baltische Staaten, östliches Mitteleuropa, Slowakei, Mexiko, ...). Diese Veranstaltungen sind sehr effizient, weil diese sehr motivierend sind und die räumlichen und regionalen Zusammenhänge konkret vor Augen führen.

Die **Betreuung von Diplomanden** stellt eine ganz besonders positiv zu bewertende Leistung der A^RWI dar, sowohl was den quantitativen Umfang, aber ganz besonders auch die Qualität betrifft. Für die Diplomanden werden zur Unterstützung der methodischen und inhaltlichen Arbeit Speziallehrveranstaltungen durchgeführt: ARNOLD, JÜLG UND STAUDACHER bieten für ihre Diplomanden jeweils spezielle Oberseminare an, die als monatlicher ‚Jour Fixe' organisiert sind und damit die Diplomanden zu Teams zum Erfahrungsaustausch zusammenführen und in denen die Diplomarbeiten einer intensiven Diskussion unterzogen werden. HOFMAYER und ZAFARPOUR bieten arbeitsorientierte methodische Übungen an, in denen die Diplomanden Methoden der Datenerhebung, der Datenaufbereitung, -auswertung und -interpretation erlernen; der Einsatz kartographischer Methoden spielt dabei eine wichtige Rolle.

Für die **Dissertanten** werden ebenfalls entsprechende methodische Übungen *(siehe oben)* und ganz besonders ein spezielles wissenschaftstheoretisches Dissertantenseminar (ARNOLD, JÜLG, STAUDACHER) als Wochenend-Intensivseminar (meist außerhalb Wiens) angeboten; damit wird den meist berufstätigen Dissertanten die Möglichkeit geboten, dieses notwendige Lehrangebot wahrzunehmen.

Gesellschaftliche Bedeutung der Wirtschaftsgeographie und des Wahlfaches für Absolventen der WU

Wir sind der Ansicht, daß die Lehrinhalte der Wirtschaftsgeographie grundsätzlich und in der Art der Umsetzung im strukturierten Lehrprogramm der A^RWI von **hoher gesellschaftlicher Relevanz** sind und für die Absolventen der sozial- und wirtschaftswissenschaftlichen Studien **eine wesentliche Ergänzung und Vertiefung** leisten. Es gibt in der Praxis vielfältige Berufsfelder, wenn auch nur wenige genau definierte Berufe, in denen wirtschaftsgeographisches Wissen und Können sehr relevant ist (z.B. Standortwahl in Unternehmen, Regionalentwicklung, Regionalmanagement und -marketing, geographische Informationssysteme, ...).

Wenn man die **Bedeutung des Faches in der Praxis und der A^RWI im Rahmen der WU** betrachtet – die fachliche und inhaltliche Rolle und die quantitative und qualitative Leistung – dann ist aus unserer Sicht

➲ die **Ausstattung der Abteilung mit wissenschaftlichem Dienstposten nicht ausreichend** und es müssen Bedingungen geschaffen werden, daß auch wieder wissenschaftlicher Nachwuchs heranreifen kann.

Vorschläge für Verbesserungen

➲ Die Gutachter sind nach Prüfung der Sachlage zur Auffassung gelangt, daß die Leistung der A^RWI innerhalb der WU, aber auch in der Öffentlichkeit **zuwenig vermarktet** wird. Daher werden folgende **Verbesserungsvorschläge** gemacht:

➲ Ausarbeitung eines Papiers über die **Kernkompetenzen** der ARWI, Segmentierung des Marktes für diese Kernkompetenzen (Studenten, Unternehmer, Entscheidungsträger in der Politik, ...),

➲ Ausarbeitung von gebündeltem **Informationsmaterial** nach Fakten, Vorteilen und Nutzen für die Zielgruppen und gezieltes Ansprechen und Ausarbeiten eines Informationsprogrammes (z.B. Veranstaltungen) für diese Zielgruppen

➲ Bestellung eines „**Marketingbeauftragten**" in der Abteilung, der sich laufend mit diesen Aufgaben beschäftigt und mit Marketingfachleuten und Entscheidungsträgern in Politik und Wirtschaft Kontakt hält.

Durch dieses gezielte Nach-außen-gehen soll ein **Imagegewinn der Abteilung und der Wirtschaftsgeographie** an der Wirtschaftsuniversität und in der Öffentlichkeit erreicht werden. Damit können sowohl die Arbeit in der Abteilung in Lehre und Forschung und auch die Absolventen mit Spezialausbildung in Wirtschaftsgeographie aufgewertet werden. Außerdem kann damit eine stärkere Profilierung vor allem in einem aktuellen Anwendungsbereich (z.B. Regionalmarketing) den Praxisbezug noch deutlich verbessern.

Stellungnahme des Abteilungsleiters

Der interne Evaluierungsbericht der Abteilung liegt seit Herbst 1999 vor, die abschließende Beurteilung der Gutachter seit Mai 2000. Beide Berichte wurden am 29. 6. 2000 in einem ausführlichen Gespräch diskutiert. Dabei konnte festgehalten werden, daß sowohl die interne Evaluierung als auch die Beurteilung durch die Gutachter eine **generell sehr positive Beurteilung des Lehrprogrammes** liefern.

- Der **interne Evaluierungsbericht** sieht folgende Verbesserungspotentiale:
  - im Bereich **Kommunikation**: Öffnungszeiten, Bibliothek, Homepage,
  - bei der **Koordination und Integration der Lehre und Lehrveranstaltungen**,
  - im Bereich **Prüfungsliteratur und Studienunterlagen** und
  - im Bereich **Praxisbezug**.

- Der **externe Evaluierungsbericht** sieht Verbesserungsansätze
  - bei der **Entwicklung integrativer und praxisbezogener Lehrangebote**,
  - bei der **Personalausstattung** und
  - beim **"Marketing" der Leistungen der Abteilung**.

Folgende **Maßnahmen** zur Nutzung der aufgezeigten Verbesserungspotentiale wurde bereits gesetzt:

✓ Die **Öffnungszeiten der Abteilung** wurden den Kernöffnungszeiten der WU angepaßt.

✓ Die **Homepage der Abteilung** wurde völlig neu gestaltet und hat sich inzwischen zu einem wichtigen Kommunikationsinstrument entwickelt.

✓ Eine bessere **Koordination und Integration der Lehre und Lehrveranstaltungen** wird laufend dadurch gesichert, daß sowohl bei der Erstellung der Semesterprogramme als auch bei den laufenden Abstimmungsgespräche geführt werden.

✓ Im Bereich der **Prüfungsliteratur und Studienunterlagen** wurde bereits eine wesentliche Verbesserung dadurch zu erreicht - und die Rückmeldungen der StudentInnen bestätigen den Erfolg -, daß der gesamte Stoff des Faches Wirtschaftsgeographie in einem **zweibändigen Skriptum** (STAUDACHER, CH.: *Wirtschaftsgeographie Teil 1 und Teil 2, Service Verlag*) niedergelegt wurde. Das Skriptum ist Grundlage und Begleitunterlage der Vorlesung: "Allgemeine Wirtschaftsgeographie", kann im Proseminar, im Seminar als Unterlage verwendet werden und deckt den gesamten Stoff der Vorprüfung ab. Zusätzlich sind die **Präsentationsfolien der Vorlesung "Allgemeine Wirtschaftsgeographie"** über die Homepage der Abteilung (unter "Downloads") abrufbar.

✓ Der **Praxisbezug der Lehre** wird verstärkt dadurch intensiviert, daß vor allem die Seminare als Projektseminare gehalten werden und dabei Themen gewählt werden, die aus dem Kontakt zu und der Zusammenarbeit mit der Wirtschaft, öffentlichen Institutionen usw. entstehen. Konkret ist für das Studienjahr 2000/2001 eine **Schwerpunktsetzung auf Regionalmanagement und -marketing** vorgesehen (Seminare + Kolloquium Raum und Wirtschaft).

Alle bisher gesetzten Maßnahmen sollen natürlich in Zukunft fortgesetzt, wenn nötig intensiviert werden.

◊ Das von den Gutachtern angeregte verstärkte **"Marketing" der Leistungen der Abteilung** liegt thematisch eigentlich außerhalb der Evaluierung der Lehre, soll aber dennoch aufgegriffen werden: Konzepte werden im Laufe des nächsten Studienjahres entwickelt und umgesetzt.

◊ Offen ist weiterhin das Problem der **Zugänglichkeit und Nutzbarkeit der Bibliothek**, das sich mit der Übersiedlung in die Roßauer Lände wesentlich verschärft hat. Die Nutzbarkeit für StudentInnen ist derzeit nur über Notlösungen (persönliche Betreuung von Diplomanden und sehr eingeschränkte Benutzungszeiten) zu realisieren, da es in der gemeinsamen Großbibliothek der Institute der Roßauer Lände noch keine generelle Betreuung und allgemeine Benutzung gibt.

◊ Das **Problem der Ausstattung der Abteilung mit wissenschaftlichen Dienstposten** kann von uns nicht beeinflußt werden.

Leopold Scheidl-Preis
Österreichische Gesellschaft für Wirtschaftsraumfoschung

INTERNATIONALE NETZWERKE INTERMEDIÄRER DIENSTLEISTUNGSUNTERNEHMEN [1]

International networks of business service companies

Josef H. BEHOFSICS, Wien

Kurzfassung

Im Rahmen der theoretischen, wirtschaftsgeographischen Auseinandersetzung mit der Internationalisierung von produktionsorientierten Dienstleistungen nehmen die "Netze" bzw. "Netzwerke" eine herausragende Stellung ein, da sie in der Lage sind, räumliche Erklärungsansätze für das Zustandekommen sowie die standortspezifische Ausbreitung von internationalen Direktinvestitionen zu liefern. Solche Unternehmensnetzwerke sind eines der wichtigsten Instrumente der Organisation internationaler Unternehmen und ihrer zunehmenden globalen Verflechtungen. Aufgrund der Auswertung der Ergebnisse einer empirischen Untersuchung in der Schweiz, den USA sowie Österreich, durchgeführt anhand von wissensorientierten Dienstleistungsunternehmen innerhalb der Branchen Datenverarbeitung, Unternehmensberatung, Werbung und Marktforschung im Zeitraum 1991 bis 1995, kann festgehalten werden, daß sich die Internationalisierungsaktivitäten von Wirtschaftsdiensteunternehmen vielfach an der Auslandsmarktbearbeitung multinationaler Kunden orientieren. Die Kundennähe stellt bei Wirtschaftsdiensteunternehmen sowohl in Bezug auf die Motive für die Internationalisierung als auch auf die Standortwahl häufig die bedeutendste Entscheidungsdeterminante dar. Aus diesem Grund besteht für viele größere intermediäre Dienstleistungsunternehmen verstärkt die Notwendigkeit, in den Zentren bzw. Knotenpunkten der weltweiten Finanz-, Informations- sowie Kommunikationszentren präsent zu sein, vornehmlich durch Direktinvestitionen.

Abstract

In the framework of theoretical discussions in economic geography of the internationalization of production oriented services, "nets" or "networks" occupy a central position. The theory of networks attempts to explain the spatial implications of the development as well as the location specific spread of foreign direct investments. Moreover, such company networks are one of the main instruments in the organization of international companies and their increased global interconnections with other enterprises. Based on the evaluation of the results of an empirical research on Swiss, U.S.-American and Austrian companies in know-how intensive service companies in the software, business consultancy, advertising and market research industries from 1991 – 1995, the internationalization activities of business service companies turned out to be frequently dependent on the activities of their multinational clients in foreign markets. Customer relations are often among the main motives of know-how intensive service industries companies for internationalization as well as for their choice of location of

---

[1] Kurzfassung einer Dissertation, die an der Abteilung Praxisorientierte Wirtschaftsgeographie und räumliche Integrationsforschung (A^RWI) der WU Wien verfaßt und mit dem Leopold Scheidl-Preis ausgezeichnet wurde.

their foreign direct investments. Therefore, many large intermediary service companies are increasingly faced with the necessity to set up a network of foreign direct investments located at the worldwide finance, information and communication centres.

1 Einleitung

Der vorliegende Beitrag beschäftigt sich mit der **Netzwerksbildung im Rahmen der Globalisierungstendenzen** von international agierenden Wirtschaftsdiensteunternehmen sowie mit **Standortfaktoren** bzw. der **Wahl des optimalen Standortes von Direktinvestitionen** im Ausland, die für das Verständnis der Entwicklung von Unternehmensnetzen von Firmen in dieser Branchengruppe wesentlich sind. Aufgrund des besonderen Stellenwertes der Kundennähe spielen Netzwerke insbesondere bei den **know-how intensiven Wirtschaftsdiensten** hinsichtlich der Motive und auch der Standortwahl eine wesentliche Rolle. Die **theoretische Auseinandersetzung mit der Bildung von Netzen**, den unterschiedlichen Ausprägungen sowie den **räumlichen Implikationen für Wirtschaftsdienste** stellt eine wesentliche Voraussetzung für das Verständnis von Internationalisierungsentwicklungen in dieser Branchengruppe dar.

- Aus diesem Grund wird zunächst die **Bedeutung der Netzwerke als Erklärungsansatz für die globalen Integrationsprozesse von Wirtschaftsdiensteunternehmen** genauer dargestellt. Multinationale Unternehmen bzw. deren Besonderheiten bilden die Grundlage für das Verständnis des Entstehens sowie die Ausbreitung von Unternehmensnetzen, zumal multinationale Konzerne als Partner innerhalb von globalen Unternehmensnetzen fungieren.

- Die Untersuchung der **Charakteristika von Unternehmensnetzen**, insbesondere im Hinblick auf deren wirtschaftsgeographische Aspekte, liefert dabei wertvolle Erklärungsansätze für die Aktivitäten von multinationalen Unternehmen. Neben Diskussionsbeiträgen zur zunehmenden Globalisierung können wichtige Erkenntnisse bezüglich des industriellen Flexibilitätspotentials, der Diffusionsgeschwindigkeit von Innovationen, der funktionsräumlichen Arbeitsteilung etc. gewonnen werden.

2 Definition, Charakteristika und Relevanz von produktionsorientierten Dienstleistungen

Die **intermediäre Dienstleistungsproduktion** umfaßt einerseits den gesamten Bereich der betriebs- und unternehmensinternen Leistungen, die nicht am Markt abgesetzt werden, sondern unternehmensintern als Produktionsfaktoren einfließen, zum anderen inkludiert sie aber auch jene Diensteproduktion, welche die über einzelne Organisationseinheiten, Betriebe bzw. Unternehmen hinausgehende, marktmäßige Leistungserstellung von Diensten betrifft.

Der **Begriff der "Wirtschaftsdienstleistung"** stellt auf den Aspekt der Nachfrage nach Dienstleistungen durch Wirtschaftsunternehmen ab. Wirtschaftsdienste werden als **ausgelagerte Unternehmensfunktionen** zur Optimierung der Produktion in Anspruch genommen, und zwar sowohl von Unternehmen des sekundären wie auch vermehrt des tertiären Sektor selbst. Wirtschaftsdienste entsprechen den sog. "producer services", "intermediate services"[2] bzw. "commercial services"[3], in der

---

[2] Vgl. dazu etwa Stanback, Th., Understanding the Service Economy. Employment, Productivity, Location, Balimore/London 1979, S. 16 ff; Daniels. P.W., a.a.O., London 1985, S. 178; Polese, M., Re-

englischsprachigen wirtschaftswissenschaftlichen Literatur, während im deutschsprachigen Bereich die Begriffe "indirekte Dienstleistungen", "professionelle Dienstleistungen" bzw. "Produktivdienstleistungen"[4], "produktbezogene Dienstleistungen"[5] als Synonyme verwendet werden.

Im Rahmen des vorliegenden Beitrages soll die **marktmäßige Wirtschaftsdiensteproduktion** das Unterscheidungskriterium gegenüber der sog. "internen Tertiärisierung" bilden. Indirekte Dienstleistungen dienen im Gegensatz zu Konsumdiensten nicht der unmittelbaren Bedürfnisbefriedigung der Endnachfrage, sondern stellen durch die optimale Kombination von Wirtschaftsdienstepotentialen wesentliche Voraussetzungen für die nachfolgende Produktion dar. Dennoch sind Wirtschaftsdiensteunternehmen, die ihre Leistungen ausschließlich anderen Unternehmen anbieten, eher selten. Vielmehr besteht eine Vielzahl von Mischformen bzw. Grenzfällen, so daß die relative Dominanz der Wirtschaftsdienstefunktionen als ausschlaggebendes Kriterium anzusehen ist.

Die Erstellung von Wirtschaftsdienstleistungen ist – ebenso wie jene der Dienstleistungen generell – durch die **Übertragung immaterieller Leistungsfähigkeiten** auf den sog. **"externen Faktor"** gekennzeichnet. Im Rahmen eines mehrstufigen Produktionsprozesses kann dabei grundsätzlich zwischen der **Potentialerstellung** und der **Endkombination** unterschieden werden[6]. Der externe Faktor bildet ein konstituierendes Merkmal der Produktion von Wirtschaftsdiensten und ist demnach als Produktionsfaktor charakterisiert, welcher vom Abnehmer oder Verwerter einer Dienstleistung in den Produktionsprozeß eingebracht wird. Während interne Produktionsfaktoren über den Beschaffungsmarkt bezogen werden, können die externen Faktoren in den benötigten Ausprägungsformen durch den "Dienstleistungsproduzenten" nicht beschafft, sondern nur durch den Abnehmer der Wirtschaftsdienste zur Verfügung gestellt werden.

Aufgrund der produktionsbezogenen Besonderheiten bei der Erstellung von Wirtschaftsdiensten sind größtenteils die **ausbringungsorientierten Standortfaktoren** im Rahmen des Internationalisierungsprozesses von Bedeutung. Unter Berücksichtigung des jeweils zu erstellenden Leistungsprogrammes bzw. -verfahrens wird bei der

---

gional demand for business services and inter-regional service flows in a small Canadian Region, In: Papers of the Regional Science Association, Nr. 50, 1982, S. 151 ff; Marshall, J.N., a.a.O., in: Environment and Planning A, Vol. 15, London 1983, s. 1343 ff, Marshall, J.N., Services and Uneven Development, New York 1988, S. 13 ff; Nußbaumer, J., The service economy, Boston 1987, S. 16; Rathmell, J., Marketing in the service sector, Cambridge 1974, S. 188; Noyelle, T., und Dutka, A., International trade in business services. Accounting, Advertising, Law, and Management Consulting, Washington, D.C. 1988, S. 26; Riddle, D., a.a.O., New York 1986, S. 183, Markusen, J. R., Trade in Producer Services: Issues involving Returns to Scale, and the International Division of Labour, Discussion Paper on Trade in Services, The Institute for Research in PublicPolicy, Victoria, Canada, Dezember 1986. S. 1 u.a.

3 *Vgl. Kakabadse, M., International trade in services: prospects for liberalisation in the 1990s, New York 1987, S. 8*

4 *Vgl. Kaufmann, E.J., a.a.O., Zürich 1977, S. 18 ff*

5 *Vgl. Skolka, J., Dienstleistungen in der Binnenwirtschaft und im Außenhandel, in: Lamel, J., Mesch, M., Skolka, J., (Hrsg.), Österreichs Außenhandel mit Dienstleistungen, Wien 1990, S. 5*

6 *Vgl. Corsten, H., Betriebswirtschaftslehre der Dienstleistungsunternehmen, München/Wien 1990, S. 103 ff.*

grenzüberschreitenden Leistungserstellung ein entsprechendes Standortanforderungsprofil erstellt, wobei bei der Optimierung die Mobilität sowohl des Wirtschaftsdiensteunternehmens hinsichtlich seines Leistungspotentials als auch des externen Faktors zu berücksichtigen sind.

Die Dominanz der ausbringungsorientierten Standortfaktoren bei internationalisierenden Wirtschaftsdiensteunternehmen bedingt häufig eine **Filialisierung** mittels Direktinvestitionen im Ausland. Darüber hinaus gewinnen diverse andere Internationalisierungsformen ohne Kapitalbeteiligung wie beispielsweise Lizenzgeschäfte, Franchising, Management- und Beratungsverträge etc. vermehrt an Bedeutung. Im Rahmen der grenzüberschreitenden Erstellung von Wirtschaftsdiensten ergeben sich in Zukunft standortrelevante Aspekte der Faktorkombination aufgrund des vermehrten Einsatzes der **Telekommunikation** und der damit verbundenen Automationspotentiale. Als Konsequenz dessen wird in weiterer Zukunft mit einer steigenden **Dezentralisierung** und damit verbundenen organisatorischen Veränderungen aufgrund von funktionalen, zeitlichen sowie räumlichen Entkoppelungsmöglichkeiten zu rechnen sein.

3 Internationale bzw. multinationale Unternehmen

Die Existenz von multinationalen Unternehmen beeinflußt den Umfang und die Struktur von Handelsströmen, so daß Rückwirkungen auf das kapitalexportierende Land entstehen können. Die Verlagerung der Produktion an kostengünstigere Standorte bewirkt teilweise die **Substitution der Exporttätigkeit**. Dies kann zu Veränderungen am heimischen Arbeitsmarkt in Form von Änderungen der Struktur der Arbeitsnachfrage bzw. der Einkommensverteilung, aber auch Reallohnsenkungen sowie ein Ansteigen der Arbeitslosenrate bewirken. Allerdings sind auch komplementäre Beziehungen zwischen Auslandsproduktion und Außenhandel denkbar, da multinationale Unternehmen durch ausländische Direktinvestitionen auch zusätzliche Exporte induzieren können (CANTWELL 1994, S.20) [7].

In der wirtschaftswissenschaftlichen Literatur existiert eine Vielfalt von Definitionen zum **Begriff der multinationalen Unternehmung**, welche sich an diversen fachlichen Disziplinen orientieren. Da die Attribute "multinational" und "international" häufig synonym verwendet werden, wird die Bildung einer gemeinsamen Definitionsbasis zusätzlich erschwert [8]. Im folgenden sollen die wesentlichen Charakteristika einer multinationalen bzw. international tätigen Unternehmung dargestellt werden [9] [10] [11]:

⇨ Die **Unternehmenstätigkeit**: der Produktions- und Absatzprozeß findet neben dem Stammland **in mehreren Ländern** statt.

---

[7] Vgl. Cantwell, J., The Relationship between International Trade and International Production, in: Greenaway, D., und Winters, A.L. (Hrsg.), Surveys in International Trade, Blackwell/Oxford/Cambridge (MA) 1994, S. 20

[8] Vgl. Huppert, W., Internationale Industriekonzerne, Berlin 1966, S. 26 f; Tilly, H., Die Aufbauorganisation der multinationalen Unternehmung. Zur Gestaltung der Teilsysteme von Organisation und Führung, Freiburg 1977, 12 ff

[9] Vgl. Tilly, H., a.a.O., Freiburg 1977, 12 ff; Welge, M.K., a.a.O., in: Macharzina, K., und Welge, M.K (Hrsg.), Handbuch Export und Internationale Unternehmung, Stuttgart 1989 b, S. 1366

[10] Vgl. Broll, U., Direktinvestitionen und multinationale Unternehmen, Frankfurt a. M. u.a. 1990, S. 9; Vernon, R., Sovereignty at Bay: The Multinational Spread of United States Enterprises, New York 1971

[11] Vgl. Asheghian, P., und Ebrahimi, B., InternationalBusiness, New York 1990, S. 7 f

- Ein hoher Exportanteil stellt noch kein konstituierendes Merkmal einer multinationalen Unternehmung dar; der **Anteil der Auslandstätigkeit** am gesamten Umfang der Geschäftstätigkeit nimmt einen herausragenden Stellenwert ein.
- Zwischen der Mutter- und den Tochtergesellschaften existiert ein **Zusammenhang** hinsichtlich der **Koordinations-, Steuerungs- und Kontrollfunktionen**. Die Mutterunternehmung bildet das oberste Entscheidungszentrum im gesamten System. Eine unabdingbare Voraussetzung ist dabei das Vorhandensein von **Direktinvestitionen im Ausland**, da bei dieser Investitionsform – im Gegensatz zu den Portfolioinvestitionen – neben Ertrags- auch Kontroll- und Produktionsabsichten bestehen.
- Die Unternehmensstrategie und die Managementphilosophie, aus welcher sich die Entscheidungsprozesse entwickeln und gestalten, sind nach **globalen Gesichtspunkten** ausgerichtet.

Im Rahmen dieser Untersuchung sollen die **Termini "multinationales" und "international tätiges" Unternehmen synonym** verwendet werden. Dabei soll die Tätigkeit in mindestens zwei verschiedenen Ländern ein bereits ausreichendes Attribut für das Vorliegen einer international tätigen Unternehmung sein, da eine genaue Analyse zeigt, daß die Festlegung jeder anderen Anzahl als der Minimalforderung von zwei Ländern lediglich willkürlich wäre [12].

Aufgrund der Internationalisierung agieren die multinationalen Firmen als "**interne Märkte**" mit der Zielrichtung der Senkung der hohen Transaktionskosten, die den internationalen Märkten immanent sind. Externe Märkte werden durch interne ersetzt, wobei nicht notwendigerweise Nachteile einer Zentralisierung zu befürchten sind, solange entsprechende Preissignale durch dezentralisierte Profit-Centers die Kostenstruktur widerspiegeln [13]. Durch Anreizsysteme können die Kosten innerhalb des Konzernes beeinflußt werden. Die zentrale Festlegung der Preise im Gegensatz zum freien Zustandekommen durch externe Marktteilnehmer ist solange vorteilhaft, solange die Marktdeterminanten bezüglich dieser intermediären Produkte nicht zu komplex werden [14].

4 "Netzwerke" als internationale Kooperationsform für grenzüberschreitende Wirtschaftsdiensteunternehmen

4.1 Definition und Bedeutung von Kooperationen auf Unternehmensebene bzw. von Unternehmensnetzen

Im Zuge der verstärkten Globalisierung sind grenzüberschreitend agierende Unternehmen einem zunehmenden Konkurrenzdruck ausgesetzt. Innovationsprozesse basieren dabei vermehrt auf verschiedensten Formen von **strategischen Allianzen** bzw. **Netzwerken**. Dadurch kann der Zugang zu neuen Technologien bzw. Märkten

---

[12] Vgl. Klingele, J.H., Die Entwicklung der multinationalen Unternehmen aus der Sicht der Internationalisierungstheorie, Frankfurt a.M. 1991, S. 19 f
[13] Vgl. Buckley, P.J., New Theories of Internatinal Business: Some Unresolved Issues", in: Casson, M.C. (Hrsg.), The Growth of International Business, London 1983, S. 34-50; Rugman, A.M., Inside the Multinationals: The Economics of Internal Markets, New York 1981, S. 28
[14] Vgl. Hennart, J.-H., What is Internalization?, in: Weltwirtschaftliches Archiv, Band 122, Heft 4, Tübingen 1986, S. 793 ff

erreicht werden, um die Entwicklung neuer Produkte bzw. Dienstleistungen zu beschleunigen [15].

Der **Begriff des "Netzwerkes"** ist seit knapp zwei Jahrzehnten Ziel diverser, vor allem sozialwissenschaftlicher, Forschungsansätze [16]. Abhängig von diversen Forschungszielsetzungen bzw. -objekten unterliegt der Terminus "Netz" bzw. "Netzwerke" häufig sehr unterschiedlichen Definitionsversuchen.

⇨ "**Netze**" können im allgemeinen als Menge von Elementen bezeichnet werden, die miteinander verbunden sind, wobei im Rahmen der Wirtschaftswissenschaften Verflechtungen von Unternehmen bzw. Betrieben im Vordergrund stehen.

⇨ **Unternehmensnetze** bestehen aufgrund von Beziehungen zwischen Wirtschaftseinheiten, welche zumeist auf vertraglicher Basis miteinander kooperieren. Als Netzwerk kann daher eine **Menge von Unternehmen** verstanden werden, welche eine organisatorische Einheit bilden, die über dem einzelnen Unternehmen steht und nicht durch marktmäßige Beziehungen geregelt wird. Als Abgrenzungskriterium gegenüber den formalen Korporationen bzw. Hierarchien bildet der **relativ lose Verbund von Unternehmen** ein wesentliches Charakteristikum von Unternehmensnetzwerken. Dadurch kann eine Flexibilisierung der Gestaltungsalternativen der Unternehmen innerhalb eines Netzes erzielt werden, während gleichzeitig den Netzwerkpartnern die Möglichkeit eröffnet wird, sich des Know-hows der Netzwerkpartner in der vereinbarten Form zu bedienen.

⇨ **Märkte** stellen einen effizienten Modus bezüglich der **Allokation von Ressourcen** dar, wobei Anpassungen an sich verändernde externe Bedingungen rasch durchgeführt werden können. In hochspezialisierten Bereichen wie beispielsweise der Forschung und Entwicklung können sich jedoch Netzwerke bzw. Unternehmensverflechtungen als langfristig erfolgreiche Austauschbeziehungen erweisen, um die Qualität etwa von Forschungsentwicklungen zu sichern [17].

4.2 Entwicklung und Charakteristika von Netzwerken

Die **Entwicklung** von langfristigen Unternehmensvereinbarungen, strategischen Allianzen und **von Netzwerken** ist gekennzeichnet durch den Antagonismus zwischen dem Markt und der hierarchischen Organisation einerseits und der Alternative der Unternehmenskooperation [18].

- Ein **intensiver Wettbewerb** ist häufig der Auslöser für die Entstehung von Unternehmensnetzwerken, wobei die meist selbständigen Netzwerkpartner in erster Linie Kostensenkungen sowie die **Nutzung von Synergismen** aufgrund kooperativer Beziehungen anstreben. Dabei handelt es sich bei den involvierten Unternehmen in den meisten Fällen um rechtlich selbständige Firmen. Synergieeffekte aufgrund des Zusammenwirkens von spezialisiertem Wissen können qualitativ hoch-

---

15 Vgl. Hakanson, G., (Hrsg.), Industrial Technological Development: A Network Approach. London 1987, S. 24 ff

16 Vgl. dazu etwa Hagedoorn, H., und Schankenraad, J., Leading companies and networks of strategic alliances in information technologies, in: Research Policy 21, S. 163 ff.; Rössl, D., a.a.O., Wiesbaden 1994, S. 52 ff.; Laulajainen, R., und Stafford, H. A., Corporate Geography, Business Location Principles and Cases, Dordrecht/Boston/London 1995, S. 121 ff.

17 vgl. Tödtling, F., Regional Networks of High-Technology Firms, The Case of the Greater Boston Region, IIR-Discussion 49, Wien 1993, S. 4

18 Conti, S., The Network Perspective in Industrial Geography: Towards a Model, in: Geografiska Annaler, Vol. 75 B, H. 3, S. 115 - 130

wertige Problemlösungskapazitäten erzeugen, welche vor allem bei den engen Beziehungen zwischen Wirtschaftsdiensteunternehmen und ihren Klienten von großer Bedeutung sind. Andererseits können eigene spezifische Fähigkeiten und Kenntnisse bezüglich des Heimmarktes dem internationalisierenden Partner zur Verfügung gestellt werden. Dabei muß nicht notwendigerweise die Konkurrenzsituation auf den Märkten zwischen den Partnern verschärft werden, da oftmals die Überlebensfähigkeit von kleineren bis mittleren Wirtschaftsdiensteunternehmen von spezifischen Nischenkenntnissen abhängt.

- Im Rahmen des Geflechtes von unterschiedlichen Unternehmensnetzen bestehen durchaus **wechselseitige Abhängigkeiten auf lokaler, interregionaler und globaler Ebene**. Globale Netzwerke werden vor allem von großen Unternehmen genutzt, um beispielsweise einen Zugang zu leistungsstarken und innovativen interregionalen Netzwerken wie dem "Silicon Valley" zu erreichen. Andererseits benötigen lokale bzw. interregionale Netzwerke ihrerseits auch globaler Netze, um innovativ zu bleiben, da langfristig auch effektive regionale Verflechtungen Impulse von außerhalb des Netzes zur Wettbewerbsfähigkeit benötigen[19].

- Eines der wichtigste gemeinsamen Charakteristika von Netzwerken stellt die **Interdependenz zwischen den Firmen** dar, wobei hier die Systemeffekte von großer Bedeutung für die Leistungsfähigkeit der Unternehmen sind. Darüber hinaus bilden die **Variabilität der Kontraktformen** sowie die **Abhängigkeit von der Kooperation**, welche sich aus der Asymmetrie der Rollen und der Struktur der Netzwerksmitglieder ergibt, wesentliche Ausprägungen von Netzwerken[20].

- Zu den wesentlichen Merkmalen von Netzwerken zählt weiters die **Reziprozität der Verflechtungen**. Darunter versteht man, daß die Beziehungen zwischen den Netzwerkpartnern innerhalb der Netzwerke in beiden Richtungen bestehen. Durch die Reziprozität kann spezielles Know-how bzw. Exklusiv-wissen, welches insbesondere bei den untersuchten Wirtschaftsdienstebranchen häufig besteht, von den Partnern wechselseitig genutzt werden[21].

- Ferner besteht eine gewisse **Exklusivität bei Netzwerken**, die sich durch eine klare Abgrenzung der Netzwerkpartner gegenüber außenstehenden Unternehmen manifestiert. Bei Netzwerken, die gegenüber anderen Unternehmen offen sind, fallen sowohl beim Beitritt und von Partnern Kosten an, aber auch beim Austritt (sog. "sunk costs")[22].

- Bedingt durch die **optimale Standortwahl** werden zum Teil wesentliche **strategische Entscheidungen** innerhalb von Unternehmensnetzwerken nicht mehr nur selbständig von den Unternehmen bzw. ausschließlich bezogen auf Marktmecha-

---

[19] Vgl. Rehfeld, D., Produktionscluster und räumliche Entwicklung – Beispiele und Konsequenzen, in: Krumbein, W. (Hrsg.), Netzwerke in der Region. Politik und Ökonomie1, Münster, Hamburg 1994, S. 187 ff.

[20] Vgl. Conti, S., The Network Perspective in Industrial Geography: Towards a Model., in: Geografiska Annaler, Vol. 75 B, H. 3, S. 115 - 130

[21] Vgl. Spielberg, R., a.a.O., in: Seminarberichte, Gesellschaft für Regionalforschung, 1993, S. 10

[22] Vgl. Baumol, W., Panzar, J.C. und Willig, R. D., Contestable Markets and the Theory of Industry Structure, New York 1982, S. 290 f.

nismen getroffen, sondern häufig auch von den Partnern des Netzwerkes beeinflußt.

- Für international agierende Wirtschaftsdiensteunternehmen stellen spezifische **Kenntnisse des Marktes**, der Sprache, der Kultur etc. häufig Inputfaktoren im Rahmen des Produktionsfaktorensystems zur Erstellung der Leistungspotentials dar, die mittels einer Netzwerksorganisation mit einem lokalen Partner am besten in Anspruch genommen werden können

Der jeweilige **Stellenwert der einzelnen Netzwerkpartner** wird durch ihre Beziehungen zu den anderen Unternehmen im Netz determiniert, wobei diese in der Regel durch die strukturellen Ähnlichkeiten ihrer Beziehungen oder durch direkte Kontakte der Wirtschaftsakteure bestimmt sind. Die strukturellen Ähnlichkeiten sind bei Wirtschaftsdiensteunternehmen unter anderem durch ihre Eigenschaft als ausgelagerte Unternehmensfunktionen gegeben, während die unmittelbaren Kontakte zu den international agierenden Unternehmen (des sekundären, aber auch verstärkt des tertiären Sektors) auf dauerhaften und engen Klientenbeziehungen basieren.

Netzwerke können als Folge der **Dezentralisation von Unternehmensfunktionen** entstehen, wobei strategische und organisatorische Funktionen innerhalb dieser Netze konzentriert bleiben und darüber hinaus häufig noch durch andere Lieferanten von Produktionsschritten und Dienstleistungen ergänzt werden. Bei **multipolaren Unternehmen** erfolgt die Externalisierung von Funktionseinheiten nicht ausschließlich aus Kostengründen, sondern in der Absicht, eine Spezialisierung bezüglich bestimmter Märkte bzw. Produkte zu erreichen. Im Rahmen von **Unternehmenskomplexen** wird die Partnerschaft innerhalb eines Netzwerkes nicht durch eine Unternehmenszentrale gesteuert. Das Netzwerk basiert auf einem territorialen und assoziativen Konnex, d. h. auf Kooperation und nicht auf Konkurrenz zwischen den Mitgliedern. Schließlich entstehen sog. "Agreements" üblicherweise zwischen Unternehmen, die das gleiche Produkt herstellen bzw. ihre Produkte auf den gleichen Märkten absetzen[23].

Unternehmenskomplexe und Assoziationen treten häufig in Regionen mit hoher Innovationsnotwendigkeit auf, wo die Überlebensfähigkeit der ansässigen Unternehmen nicht selten vom Aufbau einer gemeinsamen Struktur bzw. eines Netzes abhängt. Multipolare Unternehmen sind zur internen Reorganisation **innerhalb** eines **hierarchischen Systems** zu zählen, während sich die Unternehmenskomplexe und Assoziationen sowie Vereinbarungen zwischen unabhängigen Firmen auf Abmachungen zwischen unabhängigen Firmen beziehen. Die Relevanz von und die Integration in Netzwerken nimmt zu, wobei dies auf **globaler und internationaler Ebene** mindestens so ausgeprägt der Fall ist wie auf der lokalen und regionalen Ebene. Dies trifft insbesondere auf Großkonzerne zu, die verstärkt in internationale Netzwerke integriert sind. Diese Einbindung kann etwa intern über die Gründung oder Akquisition von Forschungs- und Entwicklungseinrichtungen oder extern über diverse Formen der zwischenbetrieblichen Kooperationen wie beispielsweise strategische Allianzen erfolgen [24].

---

[23] Vgl. Conti, S., a.a.O., in: Geografiska Annaler, Vol. 75 B, H. 3, S. 115 - 130
[24] Vgl. Sternberg, R., Die Konzepte der flexiblen Produktion und der Industrie-Distrikte als Erklärungsansätze der Regionalentwicklung, in: Erdkunde, Band 49, Heft 3, September 1995, S. 165

4.3 Raumwissenschaftliche Bedeutung von Unternehmensnetzwerken

Die Theorie der Netze bzw. Unternehmensnetzwerke versucht im Rahmen der theoretischen, wirtschaftsgeographischen Auseinandersetzung mit der Internationalisierung von Wirtschaftsdiensten räumliche Erklärungsansätze für das Zustandekommen sowie die standortspezifische Ausbreitung von internationalen Direktinvestitionen zu formulieren. Die Identifizierung von Unternehmensnetzwerken kann für **wirtschaftsgeographische Problemstellungen** wichtige Erklärungsansätze liefern[25]. Daher versucht dieser Beitrag explizit Erklärungsansätze für das grenzüberschreitende Handeln mittels Direktinvestitionen im Ausland von **Mehrbetriebsunternehmen** im Bereich der Wirtschaftsdienste zu diskutieren. Derartige Mehrbetriebsunternehmen lassen sich demnach nicht eindeutig einer Region zuordnen bzw. vielfach auch nicht einer einzelnen Branche, wie die Untersuchungen vor allem in den USA, aber auch in Österreich gezeigt haben.

Wirtschaftsdienste, insbesondere know-how-intensiver Dienstleistungsanbieter, sind häufig durch eine **enge Bindung** zwischen dem Anbieter und dem Leistungsnehmer charakterisiert. Die **Kundennähe** stellt bei Wirtschaftsdiensteunternehmen sowohl in bezug auf die Motive der **Internationalisierung** als auch auf die Standortwahl die bedeutendste Entscheidungsdeterminante dar. Aus diesem Grund besteht für viele intermediäre Dienstleistungsunternehmen verstärkt die Notwendigkeit, in den Zentren bzw. **Knotenpunkten** der weltweiten Finanz-, Informations- sowie Kommunikationszentren präsent zu sein, vornehmlich durch Direktinvestitionen. Die Ergebnisse der empirischen Untersuchung des vorliegenden Beitrages, vor allem im Rahmen der Tiefeninterviews mit den Wirtschaftsdienstekonzernen in den USA, haben die Notwendigkeit der Netzwerksbildung hinsichtlich der **Präsenz** gegenüber den langjährigen Klienten bzw. Konzernen bestätigt.

Know-how- bzw. wissensintensive Dienste, die Gegenstand der empirischen Untersuchung dieses Beitrages sind, sind vielfach durch einen relativ **kurzen** "Produktlebenszyklus" gekennzeichnet. Innerhalb der vier untersuchten Branchen betrifft diese Entwicklung am deutlichsten die **Datenverarbeitungsdienste.** Aber auch bei den anderen Wirtschaftsdienstebranchen innerhalb dieses Segmentes können durch die Zusammenarbeit und den Wissensaustausch mit den Netzwerkpartnern Synergieeffekte erzielt werden.

Die **zunehmende Globalisierung** bzw. der Bedeutungszuwachs von multinationalen Unternehmen übt einen wesentlichen Einfluß auf die Entstehung von Unternehmensnetzen aus. Im Rahmen der raumwissenschaftlichen Untersuchungen stellt sich die Frage, ob es Zusammenhänge zwischen der Lage der Standorte und der Zugehörigkeit von Unternehmen zu einem Netzwerk gibt bzw. inwieweit sich diese auswirken. Der **Eintritt von Unternehmen in Netzwerke** hat nicht nur im Bereich der Industrie Relevanz, sondern vor allem auch bei Wirtschaftsdiensteunternehmen. Zusätzlich zu den nachfrageseitigen **Verflechtungsbeziehungen** sind solche auch **mit anderen Anbietern von Wirtschaftsdiensten** durchaus üblich, vor allem bei Großunternehmen. Eine empirische Untersuchung anhand von wissensintensiven unternehmensorientierten Dienstleistungen im Jahr 1992 im Rhein-Neckar-Raum ergab, daß etwa 70 % der befragten Dienstleistungsunternehmen Kooperationsbezie-

---

[25] *Vgl. Spielberg, R., a.a.O., in: Seminarberichte, Gesellschaft für Regionalforschung, 1993, S. 15 ff*

hungen mit Unternehmen unterhielten, welche sowohl das gleiche Leistungsspektrum abdeckten als auch mit Unternehmen, die in anderen Branchen tätig waren. Der Großteil dieser Netzwerke bestand dabei aus höchstens zehn Partnern[26].

5 Empirische Untersuchung in der Schweiz, USA und Österreich

Die Ergebnisse der empirischen Untersuchung des vorliegenden Beitrages, die anhand von insgesamt **152 Unternehmen** innerhalb der Branchen **Werbung, Marktforschung, Unternehmensberatung** und **Datenverarbeitung** aus der Schweiz, den USA sowie Österreich im Zeitraum 1991 bis 1995 durchgeführt wurde, haben die **Notwendigkeit der internationalen Netzwerkbildung** und **Präsenz** bei den langjährigen Klienten bzw. Konzernen aufgezeigt.

5.1 Methodik und Auswahlkriterien bei den empirischen Untersuchungen

Bei der empirischen Untersuchung in der **Schweiz** sowie in den **USA** lag die Zielsetzung in einer möglichst **intensiven Erörterung der Motive, Standortfaktoren** etc. der **bereits international agierenden Unternehmen** mit einem sehr umfangreicher Fragebogen (10 Seiten) durch eine **Stichproben-Befragung**. Die Daten stammen ausschließlich von Firmen, die zumindest mittels einer Direktinvestition im Ausland, die mehrheitlichen in ihrem Besitz stand bzw. einer mehr als 20%-igen ausländischen Kapitalbeteiligung, internationalisiert waren. Ein drittes erforderliches Kriterium stellte die Zugehörigkeit der befragten Firmen zu einer der vier genannten Branchen dar. Dies erwies sich vor allem in den USA – bedingt durch diverse Unternehmenskonzentrationen – als ein nicht unbeachtliches Problem.

Demgegenüber bestand bei der **empirischen Untersuchung in Österreich** die Intention einer **Gesamterhebung**, wobei neben den reinen Dienstleistungsunternehmen innerhalb der vier Branchen auch Industriebetriebe, die gegenüber den Adreßfirmen angaben, in einer der vier Branchen sowie international tätig zu sein, befragt wurden. Aufgrund der erwähnten **Auswahlkriterien** ergab sich bereits eine wesentliche Einengung bezüglich der Grundgesamtheit der potentiellen Unternehmen. Der überwiegende Anteil der Dienstleistungsunternehmen innerhalb der gewählten Branchen agierte ausschließlich auf nationaler Ebene, so daß grundsätzlich von einer geringen Anzahl zu befragender Unternehmen ausgegangen werden mußte.

5.2 Hypothesen zur Internationalisierung von Wirtschaftsdiensten

Im folgenden sollen **zwei Hypothesen** der Untersuchung hinsichtlich der **optimalen Standortwahl** diskutiert werden:

> *Hypothese 1:*
>
> *Die **Internationalisierungsentscheidungen von internationalen Kunden bestimmen die internationale Standortwahl und -struktur** von Wirtschaftsdiensteunternehmen sehr wesentlich, weil ein **intensiver Kundenkontakt** aufrecht erhalten werden muß.*

---

[26] *Vgl. Strambach, S., a.a.O., Jg. 81, H. 1 + 2, Stuttgart 1993, S. 40f*

> *Hypothese 2:*
>
> *Wirtschaftsdiensteunternehmen präferieren in der Regel die **Innenstädte als optimalen Standort**, weil damit die unmittelbare **Nähe zu den Klienten** am besten realisiert werden kann und die **Investitionskosten relativ gering** bleiben.*

ad Hypothese 1:

Die **Bewertung der Standortfaktoren** zählt zu den wichtigsten Determinanten bei der Auswahl einer ausländischen Direktinvestition. Die Präferenzen bei der Standortwahl stellen zudem einen wesentlichen Erklärungsansatz für den Prozeß der räumlichen Netzbildung von international agierenden Dienstleistungsunternehmen dar und sollen daher im folgenden näher behandelt werden [27].

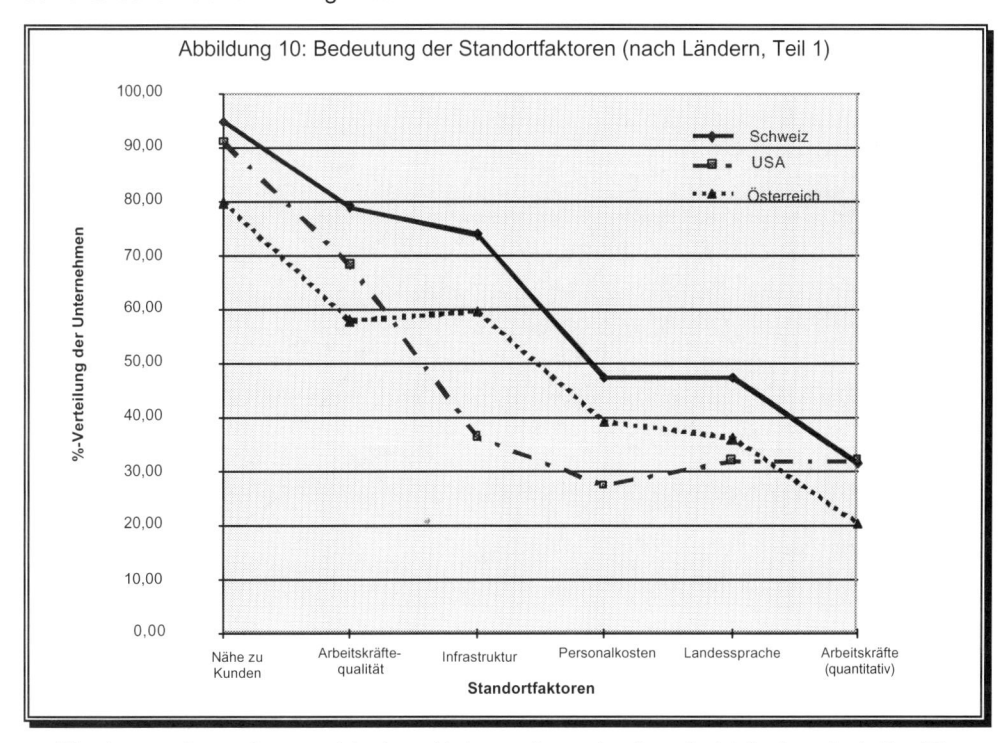

Abbildung 10: Bedeutung der Standortfaktoren (nach Ländern, Teil 1)

- Die Auswertung der empirischen Untersuchung in den drei Ländern hat die **überragende Bedeutung der Kundennähe** bei der Internationalisierung von unternehmensbezogenen, intermediären Dienstleistungsunternehmen verdeutlicht. Sie ist ausschlaggebend sowohl für die Motivation als auch die Standortwahl, zumal die Investitionskosten vergleichsweise gering sind. Beispielsweise bieten global agierende Softwarekonzerne ihren Klienten durch den Ausbau eines Netzwerkes

---

[27] *Zur Auswahl standen insgesamt **zwölf Standortfaktoren**, deren Relevanz für die Städte resp. Regionen der Direktinvestitionen im Ausland entsprechend einer Skala von eins bis fünf zu beurteilen waren, wobei höchstens fünf Kriterien angekreuzt werden konnten. Aus diesem Grund mußten zunächst die fünf wichtigsten Standortfaktoren identifiziert bzw. anschließend einer Rangreihung unterzogen werden.*

die Möglichkeit, weltweit sofort und ungeachtet der Tageszeit, Servicedienstleistungen in Anspruch zu nehmen. Der Vergleich der **Beweggründe**, welche für die **Auslandsmarktbearbeitung** mittels Direktinvestitionen entscheidend waren, zeigte, daß die Bewertung der Entscheidungsdeterminanten in allen drei Ländern im wesentlichen relativ gleichartig erfolgte. Es zeigt sich, daß Wirtschaftsdiensteunternehmen die **Internationalisierungschritte ihrer Klienten nachvollziehen** bzw. nachvollziehen müssen, um weiterhin als globale Geschäftspartner in Frage zu kommen. Annähernd vier Fünftel der schweizerischen Mutterunternehmen bewerteten die Nähe zu den Kunden als den wichtigsten Standortfaktor für ihre Direktinvestitionen im Ausland. Für mehr als 90 % der befragten US-amerikanischen Unternehmen zählte sie zu den wichtigsten Kriterien bei der Auswahl einer Direktinvestition im Ausland.

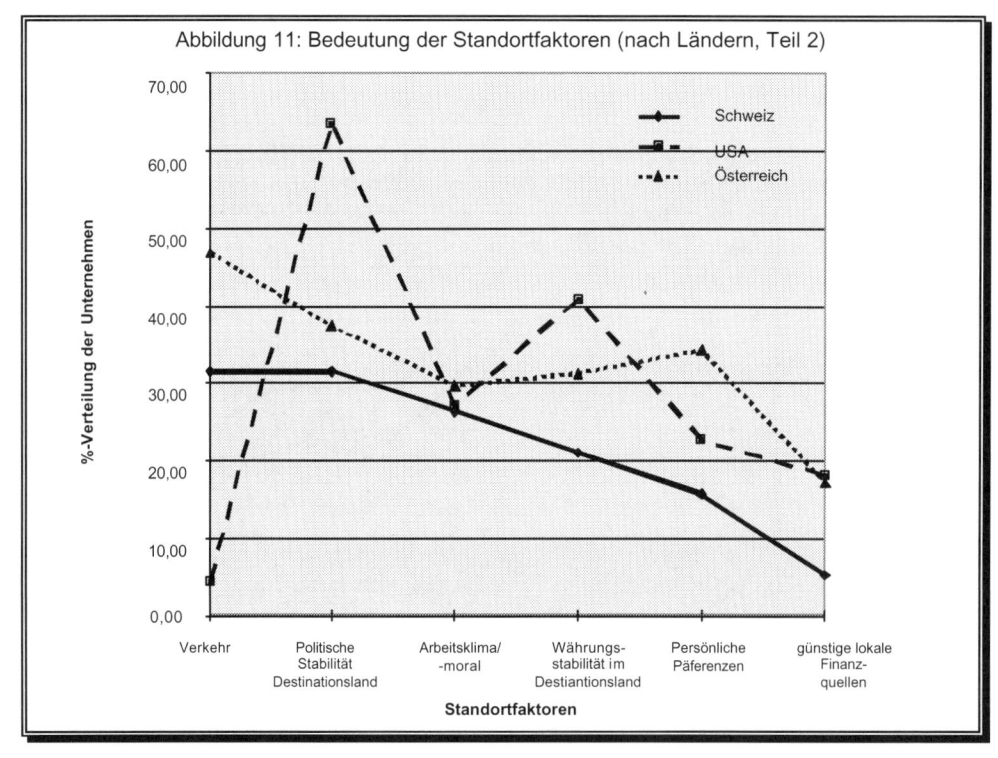

Abbildung 11: Bedeutung der Standortfaktoren (nach Ländern, Teil 2)

- Dabei stellte das **Marktpotential** im Investitionsland das mit Abstand wichtigste Motiv in allen drei untersuchten Ländern dar, wobei es den US-amerikanischen Unternehmen vergleichsweise am wichtigsten war. In allen drei Staaten haben zwischen knapp 60 % bzw. 70 % der Mutterunternehmen das Marktpotential als sehr bedeutende Entscheidungsdeterminante bei der Internationalisierung ihres Unternehmens über ausländische Direktinvestitionen eingestuft.
- Die **Verfügbarkeit von gut ausgebildetem Personal** bildete den am zweithäufigsten genannten Faktor. Addiert man die Prozentsätze der befragten Firmen, die den sog. "qualitativen" Arbeitsmarkt im Ausland zu den drei bedeutendsten Entscheidungskriterien hinsichtlich der Standortwahl zählten, so traf dies für beinahe 90 % der befragten Firmen zu.

- Die **politische Stabilität im Destinationsland** war bei ca. zwei Drittel der US-amerikanischen Mutterunternehmen ebenfalls ein überproportional bedeutender Standortfaktor, wobei allerdings lediglich weniger als ein Zehntel der Ansicht waren, daß es sich um ein sehr bedeutendes Auswahlkriterium handelte.

- Erwartungsgemäß stellte in allen drei Ländern die **Währungssituation** ein sehr relevantes Entscheidungskriterium dar, insbesondere bei größeren Mutterunternehmen. Interessanterweise ergab die Auswertung, daß die **Landessprache** nicht nur bei den Muttergesellschaften aus den Vereinigten Staaten eine wichtige Rolle spielte – wenngleich in erster Linie bei den kleineren bis mittleren Firmen – sondern auch bei den schweizerischen bzw. österreichischen Unternehmen, deren Mitarbeiter übrigens deutlich bessere Fremdsprachenkenntnisse aufwiesen als jene der US-Unternehmen.

Bezüglich der Hypothese 1 kann als Resümee festhalten werden, daß sich die **wesentlichen Kriterien für Wahl die Standorte der Direktinvestition im Ausland** deutlich in den Motiven bezüglich Auslandsdirektinvestition widerspiegeln. Die endgültige Auswahl der Standorte erfolgte häufig aufgrund der **Kundennähe** bzw. der **Entscheidung internationaler Kunden**. Daher konnte die Hypothese anhand der Untersuchung in den Ländern bekräftigt werden.

ad Hypothese 2:

Nachdem die vier untersuchten Branchen meistens in Städten lokalisiert sind, zielte die zweite Frage auf die Präferenz für **Standorte innerhalb einer Stadt** ab, wobei als Raumtypen die "Innenstadt", der "Stadt-Raum", der außerhalb des Stadtkernes liegt, sowie das "Stadtumland" vorgegeben wurden. Damit sollten vor allem branchenmäßige Unterschiede aufgezeigt werden, insbesondere zwischen den Datenverarbeitungsunternehmen und den anderen Branchenvertretern.

- Die **Standortwahl auf Mikroebene** zeigte eine deutliche **Präferenz für Innenstädte**. Bei den US-amerikanischen Firmen sprachen sich "nur" knapp die Hälfte der Firmen für die City aus, während der Bereich zwischen der Innenstadt und dem Stadtumland von beinahe 40 % der Unternehmen als bevorzugter Ort für die Ansiedlung der Auslandsdirektinvestitionen genannt wurde. Kein österreichisches Unternehmen bewertete hingegen das **Stadtumland** als idealen Standort innerhalb einer Stadt, während die schweizerischen Firmen diesen Bereich recht häufiger favorisierten (von ca. 20 % als idealer Standort bewertet !). Bemerkenswert ist ferner, daß das Stadtumland lediglich den österreichischen Firmen als völlig unattraktiver Standort galt.

- **Brachenunterschiede** zeigen sich z.B. in einer beachtlichen **Differenz zwischen den Werbeunternehmen in Österreich und den USA:** Die Werbefirmen in den Vereinigten Staaten hatten im Rahmen persönlicher Interviews mehrfach die Bedeutung der Innenstadtansiedelung für das Renommee bekräftigt, während dies lediglich für einen relativ geringen Anteil der österreichischen Branchenvertreter ausschlaggebend war.

Auch die Hypothese 2, die besagt, daß die Wirtschaftsdiensteunternehmen in der Regel die **Innenstädte** aus Gründen der unmittelbaren **Nähe zu den Klienten** sowie den relativ **geringen Investitionskosten** als optimalen Standort präferieren würden, konnte somit anhand der Erhebungsergebnisse in der Schweiz, den USA sowie in Österreich unterstützt werden.

6 Zusammenfassung und Schlußfolgerungen

Bedingt durch die große Bedeutung der Kundennähe spielen **Netzwerke** insbesondere bei den know-how intensiven Wirtschaftsdiensten sowohl hinsichtlich der **Motive** als auch der **Standortwahl** eine wesentliche Rolle. Aufgrund der zunehmenden Globalisierung entstehen vermehrt Netzwerke, wobei diese nicht nur angebotsseitig, sondern auch seitens der Nachfrage von Wirtschaftsdiensten entstehen.

Wirtschaftsdienste werden als ausgelagerte Unternehmensfunktionen von anderen Produzenten zur Optimierung der Produktion in Anspruch genommen, und zwar sowohl von Unternehmen des sekundären wie auch vermehrt des tertiären Sektor selbst. Aufgrund der produktionsbezogenen Besonderheiten bei der Erstellung von Wirtschaftsdiensten sind größtenteils die ausbringungsorientierten Standortfaktoren im Rahmen des Internationalisierungsprozesses von Bedeutung. **Synergieeffekte** aufgrund des Zusammenwirkens von spezialisiertem Wissen können qualitativ hochwertige Problemlösungskapazitäten erzeugen, welche vor allem bei den engen Beziehungen zwischen Wirtschaftsdiensteunternehmen und ihren Klienten von großer Bedeutung sind.

Die **Theorie der Unternehmensnetzwerke** versucht im Rahmen der Auseinandersetzung mit der Internationalisierung von Wirtschaftsdiensten räumliche Erklärungsansätze für das Zustandekommen sowie die standortspezifische Ausbreitung von internationalen Direktinvestitionen zu formulieren. Für international agierende Wirtschaftsdiensteunternehmen stellen spezifische Kenntnisse des Marktes, der Sprache, der Kultur etc. häufig Inputfaktoren im Rahmen des Produktionsfaktorensystems zur Erstellung der Leistungspotentials dar, die mittels einer Netzwerksorganisation mit einem lokalen Partner am besten in Anspruch genommen werden können. Die Relevanz von und die Integration in Netzwerken nimmt zu, wobei dies auf globaler und internationaler Ebene mindestens so ausgeprägt der Fall ist wie auf der lokalen und regionalen Ebene. Dies trifft insbesondere auf Großkonzerne zu, die verstärkt in internationale Netzwerke integriert sind.

Aufgrund der **empirischen Untersuchungen** in den drei Ländern kann festgehalten werden, daß sich die Internationalisierungsaktivitäten von Wirtschaftsdiensteunternehmen vielfach an der **Auslandsmarktbearbeitung** multinationaler Kunden orientieren. Darüber hinaus spielt die **Nähe zu den Kunden** eine wesentliche Rolle, insbesondere auch im Hinblick auf Netzwerksbildungen. Im Rahmen der optimalen Standortwahl auf Mikroebene wurde die **Innenstadt** vom überwiegenden Teil der befragten Unternehmen präferiert.

Standortkonzentrationen lassen einerseits auf eine enge Verflechtung mit international agierenden Klienten schließen. Andererseits wählen Wirtschaftsdienstekonzerne im Rahmen des strategischen Aufbaues eines Netzes, das nicht nur durch das "Follow-the-Client"-Prinzip gekennzeichnet ist, vorzugsweise Zentren bzw. Knotenpunkte der weltweiten Finanz-, Informations- sowie Kommunikationsaktivitäten für ihre ausländischen Direktinvestitionen, um als effizienter Partner präsent zu sein. Als Folge davon entstehen vermehrt **Netzwerke von international agierenden Wirtschaftsdiensteunternehmen.**

Literaturverzeichnis

Baumol, W., Panzar, J.C. und Willig, R. D., Contestable Markets and the Theory of Industry Structure, New York 1982, S. 290 f.

Brösse, U., Netze, Netzwerke und Milieus in der Euregio Maas-Rhein, Aachen 1993, S. 2

Cantwell, J., The Relationship between International Trade and International Production, in: Greenaway, D., und Winters, A.L. (Hrsg.), Surveys in International Trade, Blackwell/Oxford/Cambridge (MA) 1994, S. 20

Conti, S., The Network Perspective in Industrial Geography: Towards a Model, in: Geografiska Annaler, Vol. 75 B, H. 3, S. 115 - 130

Corsten, H., Betriebswirtschaftslehre der Dienstleistungsunternehmen, München/Wien/Oldenburg 1990, S. 107-112

Hagedoorn, H., und Schankenraad, J., Leading companies and networks of strategic alliances in information technologies, in: Research Policy 21, S. 163 ff.; Rössl, D., a.a.O., Wiesbaden 1994, S. 52 ff.;

Hakanson, G., (Hrsg.), Industrial Technological Development: A Network Approach. London 1987, S. 24 ff

Kakabadse, M., International trade in services: prospects for liberalisation in the 1990s, New York 1987, S. 8

Kaufmann, E.J., a.a.O., Zürich 1977, S. 18 ff

Laulajainen, R., und Stafford, H. A., Corporate Geography, Business Location Principles and Cases, Dordrecht/Boston/London 1995, S. 121 ff.

Maleri, R., a.a.O., Berlin 1973, S. 27 ff

Mayer, A., Blümelhuber, C., Interdependenzen zwischen Produktion und Absatz, in: Corsten, H., Hilke, W. (Hrsg.), Dienstleistungsproduktion, Schriften zur Unternehmensführung, SzU, Band 52, Wiesbaden 1994, S. 11

Noyelle, T., und Dutka, A., International trade in business services. Accounting, Advertising, Law, and Management Consulting, Washington, D.C. 1988, S. 26;

Rehfeld, D., Produktionscluster und räumliche Entwicklung – Beispiele und Konsequenzen, in: Krumbein, W. (Hrsg.), Netzwerke in der Region. Politik und Ökonomie1, Münster, Hamburg 1994, S. 187 ff.

Rössl, D., Gestaltung komplexer Austauschbeziehungen, Analyse zwischenbetrieblicher Kooperation, Wiesbaden 1994, S. 54

Skolka, J., Dienstleistungen in der Binnenwirtschaft und im Außenhandel, in: Lamel, J., Mesch, M., Skolka, J., (Hrsg.), Österreichs Außenhandel mit Dienstleistungen, Wien 1990, S. 5

Spielberg, R., Netzwerke als Analyseinstrument in der Raumforschung?, in: Seminarberichte, Gesellschaft für Regionalforschung, 1993, S. 4

Stanback, Th., Understanding the Service Economy. Employment, Productivity, Location, Balimore/London 1979, S. 16 ff; Daniels. P.W., a.a.O., London 1985, S. 178

Sternberg, R., Die Konzepte der flexiblen Produktion und der Industrie-Distrikte als Erklärungsansätze der Regionalentwicklung, in: Erdkunde, Band 49, Heft 3, September 1995, S. 165

Strambach, S., Die Bedeutung von Netzwerkbeziehungen für wissenintensive unternehmensorientierte Dienstleistungen, Ergebnisse aus dem Rhein-Neckar-Raum, in: Geographische Zeitschrift, Jg. 81, H. 1 + 2, Stuttgart 1993, S. 35-50

Tödtling, F., Regional Networks of High-Technology Firms, The Case of the Greater Boston Region, IIR-Discussion 49, Wien 1993, S. 4

GOLFANLAGEN IN PERIPHEREN RÄUMEN
Eine wirtschaftliche Analyse [1]

Golf Grounds in Peripheral Locations.
An Economic Analysis

Harald FRIEDRICH (Wien)

Kurzfassung

Kaum eine andere Sportart hat hierzulande in den letzten Jahren eine ähnlich spektakuläre Entwicklung durchlaufen wie Golf. Die Arbeit untersucht das Golfangebot in einem peripheren Gebiet, dem östlichen Wiener Becken, und zeigt wie verschiedene Golfclubs, von unterschiedlichen wirtschaftlichen Voraussetzungen ausgehend, auf die geänderten Rahmenbedingungen im österreichischen Golfsport reagieren.

Summary:

There is hardly any other type of sports in this country which has seen such a spectacular development over the past few years as golf. This paper investigates the golf market in a peripheral area, the eastern Vienna Basin, and shows how different golf clubs, starting from different economic conditions, react to the changed basic conditions of Austrian golf.

1 Problemstellung

Kaum eine andere Sportart hat hierzulande in den letzten Jahren eine ähnlich **spektakuläre Entwicklung** durchlaufen wie **Golf**. Lange Zeit, zumindest in weiten Teilen Europas, als elitäre Freizeitbeschäftigung einer zahlenmäßig sehr kleinen, wohlhabenden Bevölkerungsgruppe angesehen, erlebte das Spiel Ende der 80er Jahre auch in Österreich einen wahren Boom und wurde so erstmals auch zu einem wirtschaftlich interessanten Faktor. Jährliche Zuwachsraten bei der Zahl der Aktiven von weit über 20% ließen einen akuten **Bedarf an neuen Golfplätzen** entstehen. Diese Anlagen wurden aus Platz- und Kostengründen häufig in peripheren Gebieten errichtet, die einige für den wirtschaftlichen Betrieb einer Golfanlage a priori nachteilig erscheinende Eigenschaften aufweisen (insbesondere das Fehlen einer unbedingt erforderlichen touristischen Infrastruktur). Durch die gestiegene Konkurrenz (Seit

---

[1] *Kurzfassung einer Diplomarbeit, die an der Abteilung Praxisorientierte Wirtschaftsgeographie und räumliche Integrationsforschung (A^RWI) der WU Wien verfaßt und mit dem Leopold Scheidl-Preis ausgezeichnet wurde.*

1988 wurden in Österreich im Durchschnitt 8 neue Golfplätze pro Jahr eröffnet.) und eine rückläufige Spielerzuwachsrate seit 1992 erhielten derartige **Standortnachteile** immer mehr Gewicht.

Die Arbeit untersucht das **Golfangebot in einem peripheren Gebiet**, dem **östlichen Wiener Becken**, und zeigt wie verschiedene Golfclubs, von unterschiedlichen wirtschaftlichen Voraussetzungen ausgehend, auf die geänderten Rahmenbedingungen im österreichischen Golfsport reagieren. Aus der Synthese der Analyse des Ist-Zustandes der Golfanlagen im Untersuchungsraum und einer Analyse des Nachfrageverhaltens der Golfspieler in den dort angesiedelten Clubs werden Erkenntnisse über die **Entwicklungschancen von Golfclubs in peripheren Räumen** abgeleitet und in der Folge Maßnahmen aufgezeigt, die notwendig sind, um diese Chancen wahrzunehmen.

2 Periphere Strukturen im Untersuchungsgebiet

Die politischen **Bezirke Bruck an der Leitha und Gänserndorf** im östlichen Niederösterreich weisen zahlreiche **periphere Eigenschaften** im Sinne eines allgemeinen wirtschaftsgeographischen Kern-Peripherie-Modells auf. Kennzeichnend dafür sind eine überdurchschnittlich große Bedeutung der Landwirtschaft, hohe Zuwächse bei den Arbeitslosenraten, eine extrem hohe Pendlermobilität in die Bundeshauptstadt Wien (40 bis 45% aller Arbeitnehmer) sowie – für die Entwicklungschancen einer Golfanlage von größtem Nachteil – die völlige Bedeutungslosigkeit des Fremdenverkehrs.

Alle Studien zu diesem Thema[2] bescheinigen Anlagen, die nicht entweder in einem bereits etablierten Tourismusgebiet oder in unmittelbarer Nähe eines Ballungszentrums liegen, eigentlich kaum Chancen auf wirtschaftlichen Erfolg. Andererseits könnte, flankierende Maßnahmen vorausgesetzt, gerade ein Golfclub (mit seinem zahlungskräftigen Kundenkreis) der entscheidende **Auslöser für einen kumulativen Wachstumsprozeß** sein, der die Fremdenverkehrsentwicklung und in weiterer Folge auch die allgemeine wirtschaftliche Entwicklung einer peripheren Region deutlich positiv beeinflussen würde.

3 Entwicklungsphasen im Golfsport

In der Arbeit wurde versucht, das betriebswirtschaftliche **Konzept des Produktlebenszyklus** auf die Entwicklung des Golfsports in einem Land anzuwenden. Dabei können folgende Phasen unterschieden werden:

1. **Einführungsphase:** Sie erfordert einen hohen Kapitaleinsatz zur Entwicklung des Produktes (vgl. die Errichtungskosten eines Golfplatzes). Obwohl quasi eine Monopolstellung besteht (es gibt nur wenige Golfplätze), werden aufgrund der geringen Absatzmenge (geringe Zahl der Golfspieler) Verluste erwirtschaftet.

2. **Wachstumsphase** (Boomphase): Das Produkt setzt sich zunehmend im Markt durch (vgl. Golfboom in Österreich). Diese Phase ist durch wachsende Erlöse und Gewinne gekennzeichnet.

---

[2] *Eschenbach, R.: Golf in Österreich. Wien 1989*
Ennemoser, K.: Golfstudie '93. Innsbruck 1993

3. **Reifephase** (Saturationsphase): Marktsättigung und steigender Konkurrenzdruck führen zu abnehmenden Gewinnen (Die Anzahl der Golfanlagen wächst stark, während die Zuwachsraten bei den Golfspielern langsam abzunehmen beginnen).

4. **Schrumpfungsphase**: Diese Phase ist durch rasch fallende Erlöse gekennzeichnet. Um ein Eintreten in den Abwärtstrend zu vermeiden, müssen die Anbieter ihr Produkt verbessern (z.B. Golfplätze von 9 auf 18 Löcher ausbauen) oder Preisreduzierungen durchführen.

Anhand der Indikatoren **Einwohner pro 18 Löcher** (1993 in Österreich: 121809), **Zuwachsrate der Golfspieler** (1993 bei 15,68%) und **Anteil der 9-Loch-Anlagen** (40%) konnte die Situation des Golfsports in Österreich als in die **Saturationsphase** eintretend charakterisiert werden. Wie nachfolgend erläutert wird, ist – bei gegebenem Standort – die Lebenszyklusphase, in der die Gründung eines Golfclubs erfolgte, eine der bedeutendsten Variablen für die Abschätzung seiner wirtschaftlichen Entwicklungschancen.

4 Betriebswirtschaftliche Aspekte der untersuchten Golfanlagen

Der **Golfclub Hainburg** an der Donau wurde 1977, also lange vor dem Golfboom in Österreich, gegründet. Wie damals üblich, wurde die organisatorische Struktur eines Vereins errichtet, die sich heute als betriebswirtschaftliches Hemmnis erweist. Ein ehrenamtlicher Vorstand ist zur Führung des "Unternehmens Golfclub" denkbar ungeeignet und durch die in einem Verein gegebene Notwendigkeit eines Generalversammlungsbeschlusses in allen wichtigen Belangen wird den Mitgliedern sehr großer Einfluß auch auf wirtschaftliche Entscheidungen gegeben. Diese sind naturgemäß an einem überlaufenen Golfplatz nicht interessiert, weshalb für (zahlungskräftige) Greenfeespieler kaum geworben wird.

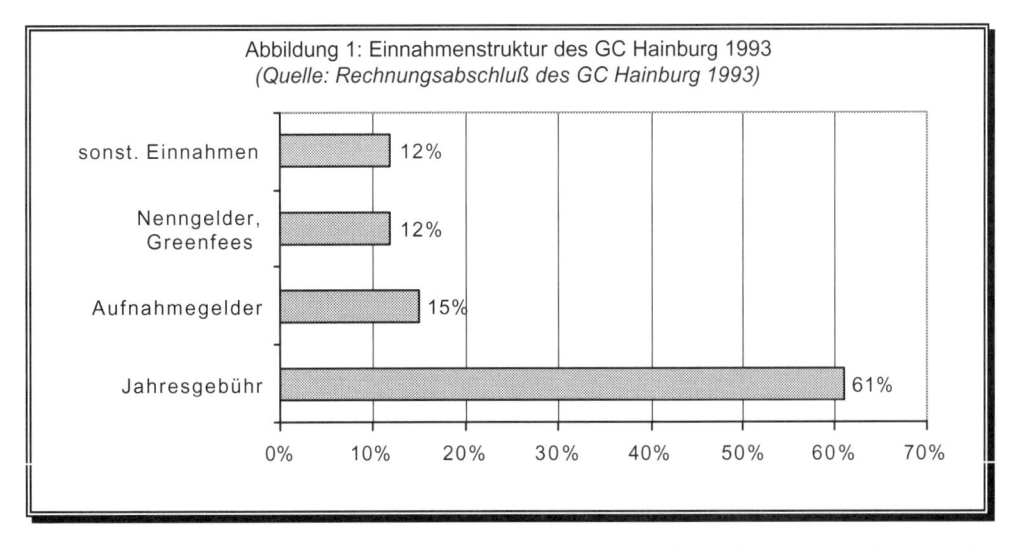

Abbildung 1: Einnahmenstruktur des GC Hainburg 1993
(Quelle: Rechnungsabschluß des GC Hainburg 1993)

sonst. Einnahmen	12%
Nenngelder, Greenfees	12%
Aufnahmegelder	15%
Jahresgebühr	61%

Dies läßt sich sowohl an der **Einnahmenstruktur** (mit einem weit überdurchschnittlichen Anteil an Mitgliedschaftseinnahmen) als auch an der **Ausgabenstruktur** (insbesondere am verschwindend geringen Werbebudget) ablesen *(vgl. Abb. 1,*

2). Der Club mußte, aufgrund der verschärften Konkurrenzsituation, die ursprünglich errichtete 9-Loch-Anlage auf 18 Löcher erweitern, was die durch den operativen Betrieb ohnehin schon angespannte wirtschaftliche Lage weiter verschlechterte.

Abbildung 2: Ausgabenstruktur des GC Hainburg 1993
(Quelle: Rechnungsabschluß des GC Hainburg 1993)

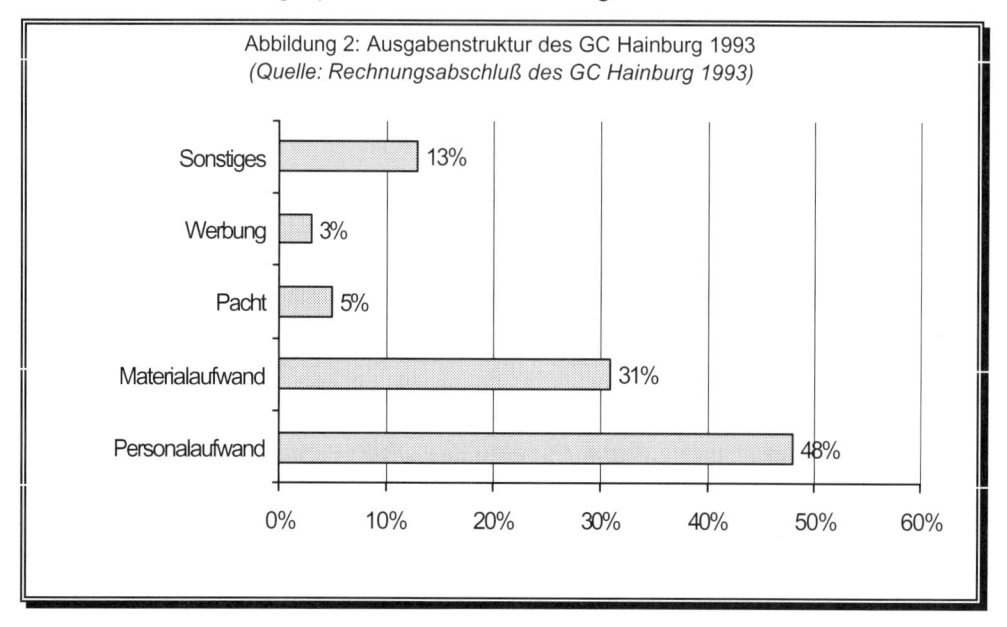

- Sonstiges: 13%
- Werbung: 3%
- Pacht: 5%
- Materialaufwand: 31%
- Personalaufwand: 48%

Abbildung 3: Einnahmenstruktur des GC Schönfeld 1993
(Quelle: Rechnungsabschluß des GC Schönfeld 1993)

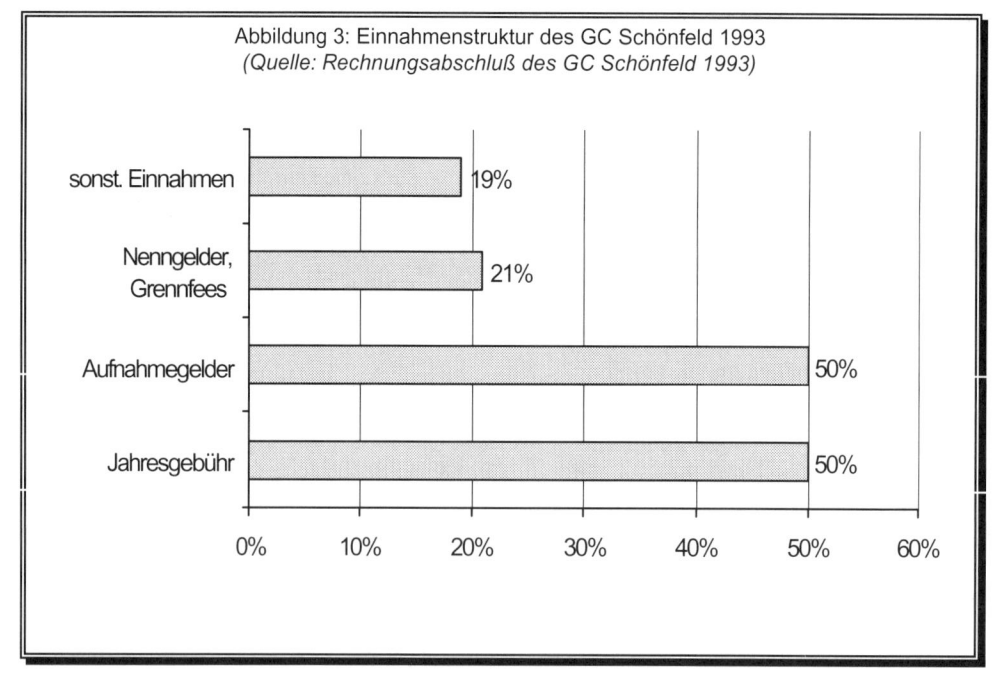

- sonst. Einnahmen: 19%
- Nenngelder, Grennfees: 21%
- Aufnahmegelder: 50%
- Jahresgebühr: 50%

Im Gegensatz dazu wurde die Anlage des 1988 (also in der Boomphase) gegründeten **Golfclubs Schönfeld im Marchfeld** von Beginn an in der wirtschaftlich optimalen Größe von 27 Löchern angelegt. Außerdem war zu jener Zeit die "klassische

Vereinsstruktur" bereits allgemein als obsolet angesehen worden, und so wurde im GC Schönfeld eine Betriebsgesellschaft errichtet – mit einem hauptberuflichen Manager, der alle wirtschaftlichen Entscheidungen flexibel und alleinverantwortlich treffen kann. Die Eliminierung des Einflusses der Clubmitglieder und das verstärkte Bemühen um andere Einnahmequellen wird auch in den folgenden Abbildungen und insbesondere auch am weit höheren Werbebudget deutlich. Obwohl sich die Errichtungsinvestitionen auch hier aufgrund des peripheren Standortes nur langsam amortisieren werden, ist diese Struktur sicher zukunftsweisender *(vgl. Abb. 3 und 4).*

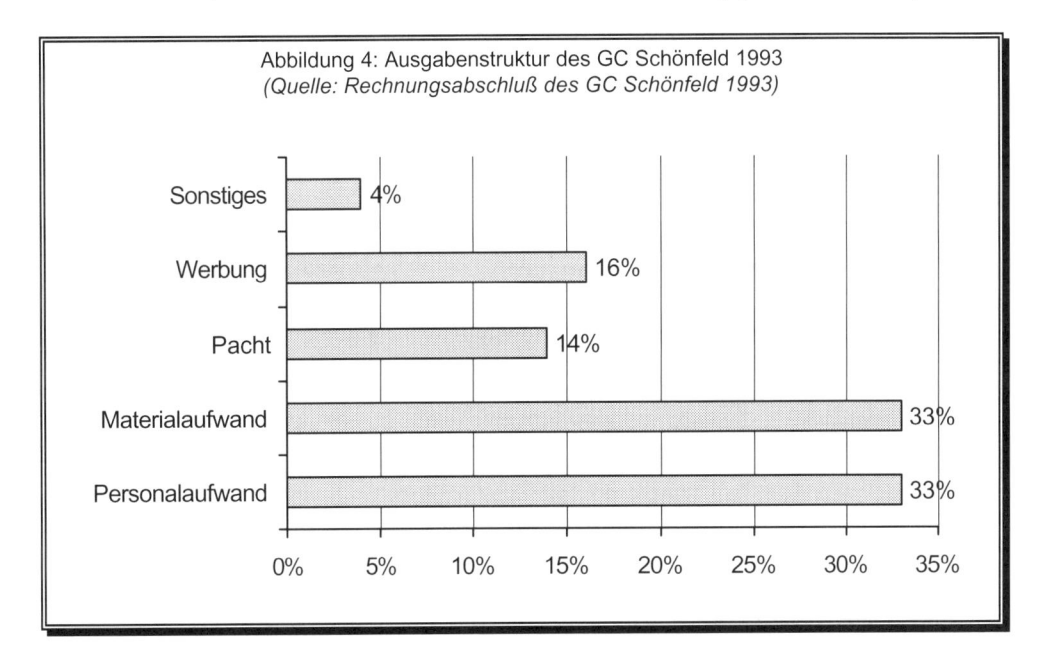

Abbildung 4: Ausgabenstruktur des GC Schönfeld 1993
(Quelle: Rechnungsabschluß des GC Schönfeld 1993)

- Sonstiges: 4%
- Werbung: 16%
- Pacht: 14%
- Materialaufwand: 33%
- Personalaufwand: 33%

5 Regionale Auswirkungen der untersuchten Golfanlagen

Die **Analyse der regionalwirtschaftlichen Effekte** der untersuchten Golfclubs basiert – ebenso wie die nachfolgend dargestellte Untersuchung des Nachfrageverhaltens der Golfspieler – wesentlich auf einer 1993 durchgeführten schriftlichen Befragung der Mitglieder und Greenfeespieler in den Golfclubs von Hainburg und Schönfeld. Der verwendete Fragebogen gliederte sich in die Themenbereiche **Beziehung der Befragten zum Golfsport**, **Einstellungen und Motive der Probanden**, **wirtschaftliche Auswirkungen des Golfsports** sowie demographische und sozio-ökonomische Eigenschaften der Probanden. Insgesamt 234 Probanden konnten in die Auswertung aufgenommen werden.

Was nun die durch die Golfclubs im Untersuchungsraum **induzierten Umsätze** anlangt, so ist festzustellen, daß diese weit hinter dem österreichischen Durchschnitt zurückbleiben. Für beide untersuchten Clubs gemeinsam konnte ein Wert von bescheidenen **8,2 Millionen Schilling p.a.** ermittelt werden. (Im Vergleich dazu beziffert ENNEMOSER den von einer Golfanlage in einem Tourismusgebiet induzierten Umsatz in der Region mit rund 77 Millionen Schilling pro Jahr.)

Hauptverantwortlich für diesen Umstand ist das völlige **Fehlen einer touristischen Infrastruktur** und das dadurch bedingte Ausbleiben von zahlungskräftigen Golftouristen. Die Erhebung strich insbesondere den **Mangel an adäquaten Übernachtungsmöglichkeiten** sowie das **Fehlen von attraktiven Rahmenprogrammen** als entscheidende Standortdefizite heraus. Somit beschränken sich die Ausgaben der Gäste im wesentlichen auf die umliegenden Gastronomiebetriebe und betragen, mit rund 650 Schilling pro Person und Tag, nur rund ein Viertel der Ausgaben eines durchschnittlichen Golftouristen in Österreich.

6 Klassifizierung der Golfspieler

Um einen besseren Überblick über die Motive, das Persönlichkeitsprofil und die sportspezifischen Eigenschaften der Golfer im Untersuchungsraum zu erhalten und damit die Grundlage für eine unbedingt erforderliche zielgruppenorientierte Vermarktung der Golfanlagen zu schaffen, wurden die Probanden mittels des Verfahrens der **partionierenden Clusterbildung sozio-demographischen bzw. sportspezifischen Klassen** zugeteilt. Die Cluster wurden mit für diese Gruppe charakteristischen Bezeichnungen belegt.

Tabelle 1: Sozio-demographische Cluster

	Cluster 1	Cluster 2	Cluster 3	Cluster 4
	"Selbständige"	"Studenten"	"Angestellte"	"Beamte"
Clustergröße	32	23	65	20
Alter	31-40 (41%)	unter 30 (78%)	31-40 (37%)	über 40 (70%)
Geschlecht	männl. (84%)	männl. (74%)	männl. (74%)	männl. (70%)
Schulbildung	Matura (38%)	Matura (61%)	Matura (49%)	Matura (40%)
	Studium (41%)		Studium (32%)	Studium (50%)
Berufsteilnahme	Voll (88%)	Schüler/	Voll (86%)	Voll (70%)
		Student (78%)		Rentner (25%)
Berufsgruppe	Selbst. (66%)	Keine (96%)	Angest. (100%)	Beamte (95%)
	Freiberuf. (34%)			

Die nach sozio-demographischen Variablen gebildeten Cluster wurden daraufhin bezüglich ihres **Ausgabeverhaltens** sowie ihrer **Motive zur Ausübung des Golfsports** analysiert. Die markantesten Ergebnisse:

⇨ Die "**Selbständigen**" sind mit Abstand am **ausgabefreudigsten** (rund 50% über dem Durchschnitt der anderen Cluster).

⇨ Für die **jüngeren Cluster der "Studenten"** und **"Selbständigen"** steht die **sportliche Herausforderung** und eine **aktive Beteiligung am Clubleben** im Vordergrund, für die älteren "Beamten" eher die Erholung in der Natur.

⇨ Die "**Angestellten Gelegenheitsgolfer**" bilden mit rund 30% der Probanden die absolut größte Gruppe. Sie stellen somit neben den "ausgabefreudigen Selbständigen" und den für die zukünftige Entwicklung wichtigen jungen "Studenten" eine der interessantesten Zielgruppen für die Golfclubs im Untersuchungsraum dar.

Tabelle 2: Sportspezifische Klassifizierung der Golfer				
	Cluster 1	Cluster 2	Cluster 3	Cluster 4
	Spitzengolfer	Gelegenheits-golfer	Ambitionierte	Anfänger
Clustergröße	10	117	16	83
Jahre	9,1	4,8	3,2	2,3
Spieltage	14,2	7,4	16,8	6,4
Handicap	6 – 12 (70%)	21 – 36 (74%)	6 – 28 (75%)	29 – 36 bzw. Platzreife (77%)
Trainerstunden	3,7	5,2	23,4	15,7
Turniere	35	8,4	24,4	3,4

7 Notwendige Maßnahmen für eine erfolgreiche Entwicklung

Abschließend kann gesagt werden, daß die untersuchten Golfanlagen durchaus das Potential haben, zum Auslöser einer positiven wirtschaftlichen Entwicklung im Untersuchungsraum zu werden. Golfer und insbesondere Golftouristen sind überdurchschnittlich ausgabefreudig. Da die touristische Infrastruktur in der näheren Umgebung der Golfplätze aber nicht einmal elementarsten Ansprüchen gerecht wird, konnte dieses Potential bisher kaum genutzt werden. Folgende **Maßnahmen** wurden daher empfohlen:

- Zumindest rudimentärer **Ausbau der Fremdenverkehrsinfrastruktur**,

- verstärkte **Kooperation mit anderen Golfclubs** sowie Beherbergungsbetrieben in und um Wien zur Vermarktung eines "Golfgroßraums Wien",

- eine **zielgruppenorientierte Mitgliederwerbung**,

- im Falle des GC Hainburg: Die **Abkehr von der unflexiblen Vereinsstruktur** und das Einsetzen eines alleinverantwortlichen Managers.

Leider muß hinzugefügt werden, daß seit Fertigstellung der Diplomarbeit, im Herbst 1994, kaum Schritte zur Umsetzung dieser Maßnahmen gesetzt wurden.

Literatur:

Friedrich, H.: Eine wirtschaftliche Analyse von Golfanlagen in peripheren Räumen, sowie deren Entwicklungschancen und regionale Auswirkungen unter Berücksichtigung des Nachfrageverhaltens der Golfspieler. Dipl.-Arb. Wirtschaftsuniversität Wien, 1994, 174 S., 3, graph. Darst., Kt.

ÖSTERREICHISCHE GESELLSCHAFT FÜR WIRTSCHAFTSRAUMFORSCHUNG

GESELLSCHAFTSNACHRICHTEN

Tätigkeitsbericht über das Studienjahr 1999/2000

Vortragsveranstaltungen der ÖGW

Im Rahmen unseres „Kolloquiums Raum und Wirtschaft" wurden im Studienjahr 1999/2000 folgende Vorträge, Kolloquien und Symposien veranstaltet:

13.10.99 Prof. Mag. Peter Zellmann (Inst. f. Freizeit- u. Tourismusforschung, Wien): „Neue Trends im Freizeitverhalten"

15.10.99 Festkolloquium zum 80. Geburtstag von Emer.-Prof. Dr. Karl A. Sinnhuber, in memoriam Professor Dr. Leopold Scheidl *im Festsaal der ehemaligen Hochschule für Welthandel – Das Programm ist im letzten Heft dieser Reihe (WSt 24/25) enthalten.*

7.11.99 Dr. Joachim Will (Ges. f. Markt- u. Absatzforschung, Wien / Ludwigsburg): „Factory Outlet Centers – Auswirkungen auf Einzelhandel und Städtebau"

24.11.99 Mag. Ludwig Morasch (Morasch Inc., Florida / USA): „Erlebniswelten auf neuen Wegen – Keine Angst vor Mißerfolgen!"

19.01.00 Dipl.-Ing. Gerhard Paul (Bundesamt f. Eich- u. Vermessungswesen, Wien): „AUSTRIAN MAP – Die topographischen Karten von Österreich auf CD: Einsatzmöglichkeiten in der Angewandten Wirtschaftsgeographie"

15.03.00 Mag. Peter Gastberger (Schloß am Wolfgangsee): „Event-Tourismus in Österreich"

27.03.00 Ganztägiges Symposium, gemeinsam mit ‚Club Tourismus': „Lernen im 3. Jahrtausend – Neue Medien" *im Seminarzentrum Am Spiegeln, 1230 Wien*

17.05.00 Hermann Paschinger (Inst. f. touristische Angebotsentwicklung und Öffentlichkeitsarbeit, Straß im Straßertal): „Der touristische Wachstumsmarkt Nr. 1: Die 50+ Generation auf Reisen"

07.06.00 Doz. Dr. Klaus Arnold (WU), Petrus Hakala (Regionalverband Wienerwald): „Mödling – Tourismusregion vor den Toren Wiens"

14.06.0 *Vorträge der Leopold Scheidl-Preisträger 1997 und 1998:* Mag. Heribert Wachter: „Nutzungsintensität von Leichtathletiksportanlagen in Österreich"; Mag. Ulrike Rubasch: „Entwicklung des spanischen Küstenortes Benidorm anhand des Lebenszyklus-Modells".

Bericht über den Leopold Scheidl-Preis 1998 und 1999

Der Leopold Scheidl-Preis, der uns an den Gründer unserer Gesellschaft und ehemaligen Institutsvorstand des Institutes für Geographie der Hochschule für Welthandel erinnert, konnte im letzten Vereinsjahr beachtlich aufgewertet werden. Unser Ehrenpräsident, Herr emer. o. Universitätsprofessor Dr. Karl A. SINNHUBER, hat mit einer hochherzigen Spende von S 50.000,- das Stiftungsvermögen des Preises maßgeblich erhöht. Es ist ihm überdies gelungen, weitere Stifter für den Preis zu interessieren. In Zukunft wird der Preis auf jeweils die beste eingereichte Diplomarbeit und Dissertation gesplittet. Eine Aufteilung des Preises auf mehrere Arbeiten ist nicht mehr vorgesehen. Die Begutachtung erfolgt nunmehr ausschließlich durch anerkannte Fachleute aus Wissenschaft und Praxis, die in der Gesellschaft keine Funktionen ausüben. Damit soll die Objektivität der Begutachtung gesichert werden.

Für die Kalenderjahre 1998 und 1999 wurde keine Dissertation eingereicht. Den Preis für die beste Diplomarbeit 1998 erhielt Frau Mag. Ulrike **Rubasch** für ihre 1998 approbierte Arbeit: „Die Fremdenverkehrsentwicklung des spanischen Küstenortes Benidorm anhand des Produktlebenszyklus-Modells". Für 1999 wurde Herr Mag. Erich **Hauer** ausgezeichnet, dessen Diplomarbeit „Windenergie im Waldviertel. Eine wirtschaftsgeographische Analyse unter Berücksichtigung der Akzeptanz und Einstellung von Anrainern, Zweitwohnsitzern und Touristen" betitelt ist.

Exkursionen

Die Serie der gemeinsam mit der Abteilung Angewandte Regional- und Wirtschaftsgeographie veranstalteten Exkursionen wurde im Studienjahr 1999/2000 mit einer sehr interessanten und aktuellen Exkursion in die **„neue Mitte Europas"**, (27.4. bis 7.5. 2000) fortgesetzt. Organisiert und durchgeführt wurde die Exkursion von Univ. Doz. Dr. Felix JÜLG, ao. Univ. Prof. Dr. Christian STAUDACHER, Ass.Prof. Dr. Albert HOFMAYER und unserem Gastassistent, Herr Dr. Rudolf JUCHELKA, von der Rheinisch-westfälischen Technischen Hochschule in Aachen. Aufgrund seiner guten Beziehungen zur bereisten Region und seiner ausgezeichneten Lokalkenntnisse konnte ein äußerst attraktives Exkursionsprogramm zusammengestellt werden. Ihm gilt unser ganz besonderer Dank !

Es sah den Besuch der Städte Aachen, Amsterdam, Rotterdam, Brügge, Brüssel und Luxemburg vor. In Eindhoven wurde ein halber Tag dem Philips-Konzern gewidmet. Im Rotterdamer Umland nahmen die Teilnehmer an einer Blumenversteigerung teil, wobei nicht nur die Art der Auktion sondern auch die Menge an Pflanzen, über die dort disponiert wurde, beeindruckten. Europoort, der führende Hafen der Welt, durfte im Programm natürlich nicht fehlen. Weiterer wichtiger Programmpunkt waren die Anlagen des Deltaplanes und die daraus resultierende wirtschaftliche Entwicklung. Schwerpunkt in verkehrsgeographischer Sicht war der Eurotunnel, wobei sowohl eine Fahrt durch den Tunnel als auch auf einem der großen Fährschiffe unternommen wurde. In Brüssel verbrachte die Exkursion einen Vormittag bei der Europäischen Kommission (EC). Drei Vorträge, deren Themen von der Exkursionsleitung vorgegeben waren, wurden von Mitarbeitern der EC gehalten. Jedem Vortrag folgte eine recht angeregte Diskussion, wobei die Teilnehmer über die Meinungen und Handlungsweise der Brüsseler Institutionen oft überrascht waren.

Liste der Autoren

Dr. Josef BEHOFSICS

1100 Wien, Neilreichgasse 17/7

Dr. Markus W. EXLER

Interfinanz Gesellschaft für internationale Finanzberatung mbH, Düsseldorf, Schadowstraße 86-88; 40212 Düsseldorf, Büro: 0049-(0)211-16802-31, Mobil: 0049-(0)-171-8027669, eMail: mexler@interfinanz.com

Mag. Harald FRIEDRICH

1220 Wien, Industriestraße 164

Dr. Rudolf JUCHELKA

Rheinisch-Westfälische Technische Hochschule Aachen, Geographisches Institut, D-52056 Aachen, eMail: Rudolf.Juchelka@geo.rwth-aachen.de

Ass. Prof. Dr. Albert HOFMAYER

Abt. für Angewandte Regional- und Wirtschaftsgeographie, Institut für Wirtschaftsgeographie, Regionalentwicklung und Umweltwirtschaft, WU-Wien, 1090 Wien, Roßauer Lände 23/4, 0043 31336 5772, eMail: Albert.Hofmayer@wu-wien.ac.at

a.o.Prof. Univ. Doz. Dr. Christian STAUDACHER

Abt. für Angewandte Regional- und Wirtschaftsgeographie, Institut für Wirtschaftsgeographie, Regionalentwicklung und Umweltwirtschaft, WU-Wien, 1090 Wien, Roßauer Lände 23/4, 0043 31336 5773, eMail: Christian.Staudacher@wu-wien.ac.at

Der Druck dieses Heftes wurde dankenswerterweise durch eine Subvention der Firma KÜHNE & NAGEL unterstützt!